"빛나는 미래를 꿈꾸며 그 꿈들을 이뤄가는 비법"

DREAM

시야는 넓게 하기, 시선은 고정하기

"하고 싶은 것이 없어요"
"무엇을 해야할지 모르겠어요"에 대한 답

창조와 지식

시야는 넓게 하기, 시선은 고정하기

초판 1쇄 발행 2021년 10월 25일

지은이_ 이장욱
펴낸이_ 김동명
펴낸곳_ 도서출판 창조와 지식
디자인_ (주)북모아
인쇄처_ (주)북모아

출판등록번호_ 제2018-000027호
주소_ 서울특별시 강북구 덕릉로 144
전화_ 1644-1814
팩스_ 02-2275-8577

ISBN 979-11-6003-373-1 [43190]

정가 15,000원

시야는 넓게 하기

시선은 고정하기

목 차

에필로그

프롤로그

사람들 앞에서 이야기하기를 좋아하는 저는 주로 대한민국 초등 고학년, 중·고등학생들에게 강의합니다. 그러한 자녀를 둔 학부모들을 대상으로도 강의합니다. 공부에 대해서도 강의를 하고, 꿈에 대해서, 목표에 대해서 강의합니다. 이번에 조금 더 제가 하고픈 말들이 많은 사람들에게 전파되고 전달되고자 하는 마음으로 이 책을 쓰기 시작했습니다.

"저는 하고 싶은 것이 없어요."와 "저는 하고 싶은 것이 여러 가지여서 어떤 것을 해야 할지 모르겠어요"라고 하는 아이들의 이야기에서 이 책은 시작했습니다. 하고 싶은 것이 없다는 말 안에는 정말 하고 싶은 것이 없을 수도 있지만 하고 싶었던 것들이 많았는데 다른 사람보다 잘할 자신이 없어서라는 이유와 부모님이나 주변 어른들이 좋아하지 않고 추천하지 않기 때문이라는 뜻을 담고 있었습니다. 또 다양하게 하고 싶고 하고 싶은 것이 많은데 그것을 다 할 수 있는 마음을 갖고 시도하는 것이 아니라 다른 하나를 언제 어떻게 포기를 해야 하는지에 대해 생각하는 아이들이 많아서 이 책을 쓰게 되었습니다. 당연한 이야기, 평소에 우리 주변에서도 흔히 일어나고 접할 수 있는 내용으로 쓰여 있습니다. 하지만 그것을 나에게도 해당이 되고 적용될지 모르고 간과하고 넘어갔던 내용입니다. 쉽게 읽히도록 썼습니다.

대한민국의 아이들은 매우 바쁩니다. 학교는 물론이고 각종 학과목을 가르치는 학원에도 다녀야 합니다. 학습지도 풀어야 합니다. 수영이나 태권도 등 운동도 배워야 합니다. 온라인으로 수업에 참여해야 하고 강의도 들어야 합니다. 시대 흐름에 따라 IT분야에 대해서도 익혀야 하고 더불어 각종 시험을 대비해야 하며 권장하는 필독서들도 읽어야 합니다. 이렇게 많이 배우고 시간을 쏟고 노력을 합니다. 하지만 아이들은 미래를 두려워하고 불안해합니다. 크고 많았던 꿈들이 하나씩 줄어듭니다. 현실과 타협함으로 하나씩 하나씩 원하는 것들을 제거해가기도 합니다. 그러다 어느덧 자신의 미래와 앞날을 긍정적으로 바라보지 못합니다. 스스로 전진하지 않습니다.

자신이 가야하고 만나야 할 미래에 대해 여러 가지 의구심이 있습니다. '내가 할 수 있을까?', '이것이 정말 내가 원하는 것일까?', '과연 무엇을 하며 살아야 잘 사는 것일까?', '부모님이 원하는 것은 이것인데 난 그게 하고 싶거나 할 자신이 없는데 어떻게 해야 할까?', '이것도 하고 싶고 저것도 하고 싶은데 하나를 위해 다른 하나는 정말 포기하며 살아가야 할까?', '내가 하고 싶은 것은 이건데 이것을 하려면 지금 무엇을 해야 하지?' 등 정말 많은 고민과 생각을 하며 오늘 하루를 살고 있습니다.

많은 어른이 아이들의 미래를 위해 조언하고 가르치며 충고하지만 대부분 그것들은 자신이 경험해온 것을 토대로 해서 내가 세운 기준과 내가 정한 방법과 내가 바라본 사회와 세상의 시각으로 접근합니다. 주입합니다. 설득합니다. 강요합니다. 하지만 무엇보다 중요한 것은 아이들 자신입니다. 아이들의 눈으로 바라본 세상, 아이들의 손으로 만져본 사물들, 아이들의 발로 밟아본 땅, 아이들이 맡아 본 냄새, 아이들이 울컥했던 감정, 벅차올랐던 감동, 나만이 흥미진진한 체험, 감명 깊게 본 영화, 머리와 가슴에 새겨지도록 읽혔던 책, 배가 아플 정도로 웃긴 일 등 이러한 것들이 아이에게 어떻게 앞날에 영향을 주고 아름답게 펼쳐질지를 함께 그려가야 합니다. 아이의 앞날은 다른 누군가가 살 앞날이 아니라 바로 그 아이 자신이 호흡하고 행동하며 살아야 할 날들이기 때문입니다. 그 아이가 생각하고 부딪히며 살아가야 할 앞날이기 때문입니다.

무궁무진한 가능성이 있는 아이들에게 꿈꾸는 모든 것들을 다 이룰 수 있다고 이야기하고 싶어 이 책을 썼습니다. 긍정과 믿음을 심어주고자 썼습니다. 낙담하거나 포기하려는 마음과 생각은 버려주길 바라는 마음으로 썼습니다. 마음껏 상상하고 구체적으로 자신이 가야 할 길을 그려가길 바라는 마음을 담았습니다. 어쩌면 아이들은 이 책을 읽을 시간적 여유도 스스로 갖지 못 할 수도 있습니다. 잠시나마 생기는 시간에는 다른 오락이나 어정쩡한 쉼으로 채울 수도 있습니다. 하지만 그런데도 누군가에게 이 책이 읽혀 '나도 하고 싶은 것들이 생겼어.', '나는 이것도 하고 싶고 저것도 하고 싶어. 다 할 수 있겠다는 마음이 들었어.', '나는 희망이 생겼고 도전하고 싶어졌어.', '그건 내가 하겠어'라는 마음이 생기고 행동으로 옮겨진다면 더할 나위가 없겠습니다. 그로 인해 그러한 미래를 향한 긍정의 생각과 감정들이 친구들에게 전해지고 어른들에게도 전해지길 바랍니다. 캄캄했던 방 안이 촛불 하나로 인해 환해지고 다른 초에도 불을 옮겨 방안 전체가 온기와 불빛으로 가득 차게 되는 것처럼요. 여러분이 가지고 있는 미래에 대한 믿음이 불확실하고 혼란한 이 세상의 법칙과 사회의 환경보다 훨씬 더 크고 더 강함을 잊지 마시기를 바랍니다.

 여러분의 눈으로 세상을 볼 때 멀리 있는 곳까지 망원경으로 보고 더 자세히 보고자 한다면 가까이 가서 돋보기로도 봐야 합니다. 필요하다면 현미경으로 세밀하고 깊이 있게 보기를 바랍니다. 이 세상 아이들과 어른들 모두가 세상을 바라보는 시야를 멀리, 넓게 보고 하고 싶은 것이 생긴다면 그 시선은 거기에 고정하여 자신만의 작품을 만들고 자신만의 세계를 구축하길 간절히 원합니다. 이것이 한 번으로 그치는 것이 아니라 여러 차례 반복되길 응원합니다.

 끝으로 최선을 다해 제 생각과 글이 책으로 이 세상에 나오도록 도와주신 창조와 지식 출판사에 감사를 전합니다. 늘 즐거움과 기쁨을 주는 아들 효엘이와 누구보다 슬기롭고 저를 사랑해주고 제가 사랑하는 아내 진숙이에게, 신앙의 유산을 물려주시고 지금도 기도해 주시는 어머니와 새벽부터 잠들기 전까지 예배자의 삶을 사시는 장모님, 감사합니다. 무엇보다 지금껏 함께하셨고 앞으로도 인도해주실 하나님께 더 큰 감사를 드립니다.

일러두기
독자의 이해를 돕기 위해 이 책에 나오는 인물 중에 공인은
실명으로 표기하였고 일반인(대중매체 등에 나왔던 일반인
포함)은 ○○으로 표기하였습니다.

시야는 넓게 하기

시선은 고정하기

1장

미래에 하나만 할 수 있고
하나만 해야 하는 것은 아니다.

1-1. 1년 중 가장 기다려지는 날은 언제일까요?

자신의 발견은 세상의 발견보다 중요하다.

-찰스 핸디-

아이들이 1년 중 가장 기다리는 날은 언제일까요? 학교 등에서 강의를 할 때 아이들에게 물어보면 다양한 대답을 듣습니다. "방학하는 날이요.", "제 생일이요.", "소풍을 하는 날이요." 등 그런데 저는 이렇게 이야기를 합니다. "우리 솔직해집시다. 설날 전날은 어때요? 가장 기다려지는 날이죠? 왜냐하면 설날은 여러분이 가장 간단한 노동력으로 가장 큰 목돈을 벌 수 있는 날이잖아요. 세배하면? 세뱃돈을 받아요. 그래서 여러분은 연휴 전날 부모님께 물어보죠. 이번 설에 어디 어디 가요? 누가 와요? 그러면서 속으로 계산합니다. '할아버지 얼마, 이모부 얼마, 고모 얼마 등' 그리곤 행복한 고민을 합니다. '그 돈으로 뭘 하지?' 그리곤 웃으면서 하루를 마무리하며 설날을 맞이합니다.

　막상 설날이 되면 초반에는 우리의 계획대로 진행됩니다. 방문하고 인사를 하며 제사를 지냅니다. 어떤 가정은 예배를 드립니다. 식사하고 후식도 먹습니다. 그런 다음에 다음과 같은 문제 아닌 문제 같은 상황이 발생합니다. 아이들도 이후에 대한 계획이 없었고, 어른들도 이후에 대해 뚜렷한 계획이 없어요. 어정쩡한 시간이 좀 흐르면 오랜만에 얼굴 본 친척 중 한 분이 와서 말을 겁니다. 왜냐하면 그분들도 멍하니 있기 어색하니까 와서 말을 걸어요.

어른 : "○○야. 너 공부는 잘하냐?"

아이 : "네. 뭐…. 열심히 하고 있어요."

어른 : "너 나중에 뭐하고 싶냐?"

아이 : "음…. 저 A 하고 싶어요."

어른 : "너 A 하지 마. 그거 별로야. B, C 해 그게 훨씬 나아."

아이 : "저 B나 C 생각해 본 적 없는데…."

어른 : "내 말을 들어서 손해날 거 없어. B, C를 해. 그게 좋아."

아이 : (더 이상 말 안함)

　많은 아이에게 이러한 대화의 경험이 있느냐고 물어보면 슬금슬금 손을 듭니다. 심지어 어제까지 엄마랑 이런 대화를 하고 왔다는 경우도 있지요. A에는 무슨 말이 들어갈까요? 요즘 아이들 10대 초반 5학년, 6학년, 중1 정도 되면 웹툰 작가, 프로게이머, 유튜브 크리에이

시야는 넓게 하기, 시선은 고정하기

터, 운동선수 등이 빠지지 않습니다. 어른들이 말하는 B, C에는 뭐가 들어갈까요? 공무원, 치과의사, 교사, 변호사, 대기업 입사 등이 있겠죠. 어른들이 추천하는 이유는 뭘까요? "안정적이어서", "돈을 많이 버니까.", "스트레스를 덜 받기 때문에…." 등이 있을 것입니다. 하지만 이 대화에서 아주 중요한 점이 간과되었습니다. 무엇일까요? 웹툰작가, 프로게이머가 미래가 불투명해서요? 별로인 거 같아서요? 아닙니다. 대답한 아이의 생각과 고민을 파악하지 못한 점입니다. 아이가 왜 그것을 하고 싶은지 아이는 그것을 정말 잘하는지 좋아하는지 물어보지 않은 점입니다. 아이가 가진 잠재력과 흥미와 재능이 어른들이 추천하는 공무원, 의사 등과 관련이 있는지 없는지를 살펴보거나 알아보지 않은 점입니다. 웹툰작가, 유튜브 크리에이터를 대답한 아이는 잘못이 없어요. 그 직업군이 돈을 안정적으로 많이 버는지, 그것은 다른 문제입니다. 아이들의 생각과 고민을 충분히 들어줄 마음과 귀가 없다면 차라리 질문하지 마세요. 안 그래도 머리가 커갈수록 고민이 많아지는데 말이죠.

물론, 어른으로서 인생을 먼저 경험한 사람으로서 좋은 충고나 이야기를 해줄 순 있습니다. 하지만 대화할 때 기본은 상대방이 이야기를 꺼내도록 하는 거죠. 말하는 사람, 화자(話者)와 듣는 사람, 청자(聽者)가 서로 주고 받는 것이 대화 아닙니까? 이야기를 주고 받아야 대화가 이루어지죠. 대화가 끊기지 않습니다. 저는 여기서 대화의 방법에 대해서 다루지는 않겠습니다. 중요한 것은 아이의 진로와 직업, 앞날에 관해 이야기할 때 위의 상황처럼 대화가 끝나면 안 된다는 것입니다. 집에서도 마찬가지입니다. 부모님과 이런 식의 대화를 한다면 아이는 점점 입을 닫을 것입니다. 어른들은 좋은 정보와 충분한 시간을 줄 수 있음에도 불구하고 그렇게 하지 않습니다. 조금 더 기다려 줄 수 있는데 그렇게 하지 않습니다. 아이들은 사춘기를 겪을수록, 신나게 놀수록 한편으로는 마음이 불편해집니다. 그 과정을 겪고 있는 아이들은 오정보를 수집하고 편협된 자료들을 습득합니다. 그리고 진지하게 생각하고 고민할 기회를 그냥 흘려보내는 경우가 많습니다.

아이들이 어른들에게 질문을 하거나 아이들에게 대화할 기회가 생긴다면 먼저 이야기를 들어줍시다. 그것이 순서이고 먼저입니다. 그런 고민하는 것이 자연스럽고 당연합니다.

특히 대한민국 아이들은 시행착오를 겪거나 다양한 경험을 할 수 있는 기회가 많지 않습니다. 학교에 다니게 되면 학원가고 학원 다녀오면 학습지 분량 채워야 하고 음악, 미술, 체육 등도 내가 시도해서 해보기보다는 또 다른 선생님에게 배워야 하는 처지입니다. 내가 스스로 연습해보거나 다른 방법을 접목해보기도 전에 다른 학원이나 과외, 온라인 수업 등을 통해 계속 머리와 몸에 집어넣기만 하는 생활방식에 놓여 있습니다. 재미를 느껴볼 겨를도 없고 흥미를 발산할 장(場)도 제한적입니다. 이렇게 생활하던 아이들이 사춘기가 시작되면서 철학적, 존재론적 질문을 스스로 하게 되며 앞날에 대해 고민하는데 그 고민할 수 있는 시간도 주지 않고 더구나 어렵게 시작된 대화에서 아이의 이야기를 듣기보다는 내가 가진 정보를 주입한다면, 이건 정말이지 바람직하다고 볼 수 없어요.

시야는 넓게 하기, 시선은 고정하기

예전보다 정보를 얻을 수 있는 루트가 다양해졌습니다. 구글, 네이버, 다음, 각종 소셜미디어, 예전부터 있었던 TV, 라디오, 신문 등. 하지만 그러면서 잘못된 정보, 그릇된 뉴스들도 금방 쉽게 접할 수 있게 되었습니다. 걸러서 듣고 보기에는 그 양이 엄청납니다. 광고도 수두룩하고 내가 원하는 정보를 하나를 얻으려고 하면 관련 없는 앱과 사이트를 몇 번이고 건너가야 하는 번거로움도 있습니다. 정보를 얻을수록 특히 아이들이 비전에 대한 꿈에 대한 자료를 얻고 정보를 얻으려고 하면 유혹되는 것이 많아요. 또한 너무 많은 정보와 자료를 접하게 되면 도리어 혼란스러워하고 더 고민에 빠지게 됩니다. 이러한 과정에서 조금씩 조금씩 잘못된 정보, 그릇된 뉴스를 걷어내 주는 것부터 해줘야 하지 않을까요? 더 좋은 사이트, 건강한 뉴스, 도움이 될만한 앱 등만을 제공해주고 알려주기만 해도 도움이 될 것입니다. 물론, 아이들이 사용하는 앱과 자주 가는 사이트, '좋아요'와 구독을 누른 유튜브 채널에 대해 이해하려는 자세와 마음가짐은 바탕으로 깔아두고요. 4살, 5살, 6살 아이들을 가르치거나 이야기를 들을 때 우리의 자세는 어때요? 선생님들, 부모님들은 웅크리고 앉아 아이의 눈과 눈이 수평이 되게 하죠. 동등한 선에서 이야기를 듣고 전달한다는 것이죠. 이것은 청소년기에 접어든 아이들에게도 마찬가지예요. 몸의 크기를 맞추는 것이 아니라 그들의 심적인 시선을 같이 보려고 해야 한다는 거죠. 그래야 그나마 어른들의 이야기를 들을 수 있는 자세와 마음이 생기고 우리는 그들의 이야기를 들을 수 있게 될 것입니다.

생각하기, 기록하기 그리고 적용하기

1. 이전에 가족이나 친척에게 "너 나중에 뭐하고 싶니?"라는 질문을 받은 적이 있나요? 있다면 어떤 대화가 이뤄졌는지 적어보세요.

----

2. 추천받은 거 말고 내가 꼭 하고 싶은 일이나 직업이 있나요? 있다면 그것은 무엇인가요?

----

3. 위 2번의 이유는 무엇인가요?

1-2. 장래 희망이라는 단어가 가진 오류

미래를 예측하는 최선의 방법은 미래를 창조하는 것이다.
-알랜 케이-

초등학교 다닐 때 가장 많이 받은 질문과 대답 중 하나는 무엇일까? "너 장래 희망이 뭐니?"라는 질문입니다. 거의 아이들이 받은 질문 중에 이 질문은 빠지지 않을 것입니다. 장래 희망의 사전적 정의는 "장차 하고자 하는 일이나 직업에 대한 희망"을 뜻합니다. 그런데 이 질문에는 오류가 있어요. 질문을 받은 아이들이 한 가지만을 대답하길 기다린다는 거죠. 소방관, 군인, 의사, 선생님, 가수 등 어떤 직업 등, 한 가지를 답하라 합니다. 대답을 안 하면 하고 싶은 것이 없는 사람 같고, 대답하자니 그것을 꼭 하고 싶은 것도 아니고 갈등이 생긴다는 거죠. "장래 희망이 뭐니?", 라는 말에 대답할 때 생기는 고민이 있다는 것입니다. 이런 이유가 생기는 것은 세 가지 정도가 될 것입니다.

 첫 번째, 하고 싶은 것이 많을 경우입니다. 축구선수도 하고 싶고 영화감독도 하고 싶고 바리스타도 하고 싶을 수 있습니다. 그런데 이것을 다 이야기하면 대답하면 안 될 거 같은 분위기가 그 대화 안에 조성되어 있어요. 그래서 고민하다 그냥 괜찮아 보이는 것을 하나 대답합니다. 두 번째, 실제 하고 싶은 것이 아직 없을 때도 있어요. 프로야구 선수를 하고 싶지만, 야구를 자신보다 잘하는 친구들이 주위에 있어요. 변호사를 하고 싶은데 실제 변호사가 무슨 일을 하는지 전부 알지도 못해요. 내가 정말 나중에 잘할 수 있는 일이 무엇인지 잘 모르기 때문에 대답을 못 하는 경우도 있습니다. 세 번째, 하고 싶은 것이 있긴 한데 지금 자신이 공부를 못 하거나 부정적인 피드백을 받을 거 같은 예상 때문입니다. "저는 아나운서가 되고 싶어요", "야, 아나운서 엄청나게 공부 잘해야 해, 얼굴도 이뻐야 하고 너는 지금 공부 잘하지 못하잖아.", 속으로 '난 공부도 못하고 성적도 안 좋은데 아나운서라고 이야기하면 난 못한다고 할 거야. 안 된다고 할 거야.' 이렇게 생각하는 아이들도 많습니다. 왜 하나만 대답해야 합니까? 왜 여러 개 대답하면 안 됩니까? 왜 지금 공부를 못 한다고 안 된다고 단정합니까? 왜 아직 하고 싶은 게 없으면 안 된다고 해요? 다 괜찮아요. 하고 싶은 게 있으면 좋은 일입니다. 하지만 그것이 정말 자신의 흥미나 재능, 능력과 재미 등등과 연결되어 앞으로 할 수

시야는 넓게 하기, 시선은 고정하기

있을지 누가 알 수 있습니까?

　저는 초등학교 때 생물학자가 장래 희망이었어요. 생물학자가 무슨 일을 하는지도 잘 몰랐습니다. 단지, 특별활동반이 과학반이었고 과학 시험을 볼 때 생물 분야를 좀 잘 봤어요. 그래서 누가 물어보면 장래 희망을 생물학자라고 했어요. 있어 보이고 공부 잘하는 아이 같아요. 하지만 저는 생물학자가 구체적으로 무슨 일을 하는지 몰랐어요. 생물학자가 되려면 무슨 공부를 무슨 준비를 해야 하는지 알려주는 사람도 없었어요. 지금이야 인터넷에 "생물학자"라고 치면 사전적 정의도 잘 나오고요. 생물학자(生物學者)는 "생물학을 연구하는 사람으로, 유기체의 연구를 통하여 그 결과를 생물학의 발전에 기여하는 과학자"라고요. N검색창의 지식in에 비슷한 질문을 하는 아이들도 많아요. 거기에 정확하고 도움이 될만한 답변이 달리는 경우도 있습니다.

　장래 희망=직업이란 공식은 틀렸습니다. 장래 희망은 직업이 아니에요. 위에 사전적 정의에서도 언급했지만 하고자 하는 일이라고 쓰여 있습니다. 장래 희망이 직업보다 더 큰 개념입니다. 장래 희망 안에 직업이 포함된다는 의미에요. 정말 하고 싶은 많은 일 중에 직업이 하나 속해있다는 겁니다. 하시는 일은 무엇입니까? 라는 질문에 저는 사람들이 고민이 많아졌으면 좋겠습니다. 하는 일이 한두 개가 아니어서 무엇부터 말해야 하는지 어려운 거죠. 인터넷 사이트 회원 가입할 때 하시는 일을 표시할 때 중복으로 체크 되었으면 좋겠습니다.

장래 희망이 뭐니? 라고 하는 질문에 아이들이 어른들도 포함해서 다양하게 여러 개 나왔으면 하는 바람이 있습니다. 그렇게 이야기를 해도 이상하게 여기지 않았으면 좋겠습니다. 물론 한 가지만을 원하고 바라고 하고 싶을 수도 있어요. 하지만 이 한 가지 때문에 다른 것도 하고 싶은 것을 포기하거나 내려놓거나 관심을 버리거나 하지 않길 바랍니다.

매년 신문에는 아이들의 장래 희망 순위에 관한 기사가 나옵니다.

「2019년 학생 희망 직업 조사 결과 상위권 희망 직업은 운동선수, 교사, 1인 미디어 제작자인 것으로 나타났다.

10일 교육부와 한국직업능력개발원은 '2019년 초•중등 진로 교육 현황조사'의 결과를 발표했다. 초등학생 경우 1위는 운동선수였고, 2위는 교사, 3위는 1인 미디어 제작자였으며 중학생의 경우 1위는 교사, 2위는 의사, 3위는 경찰관이었다. 고등학생 경우 1위는 교사, 2위는 경찰관, 3위는 간호사로 나타났다.

또한 이번 조사 결과를 통해 10년 전과 비교해 학생들의 희망 직업이 다양화된 것으로 나타났다. 1인 미디어 제작자, 생명•자연과학자나 연구원, 심리상담사/치료사, 작가, 일러스트레이터, 화학공학자, 연주가/작곡가, 마케팅•홍보 관련 전문가 등 다양한 직업군이 희망 직업 20위권에 등장했다.

한편 부모와 진로에 관한 대화를 가장 많이 하는 학생은 중학생인 것으로 나타났다. 이번 조사에서 '나의 흥미와 적성, 희망 직업'에 대한 부모와의 대화 빈도를 알아본 결과, 초등학생은 '주2~3회'(23.8%), 중학생은 '거의 매일'(27.7%), 고등학생은 '주 1회'(24.8%)가 가장 많은 것으로 나타났다.」

－황채현 〈초·중·고 학생 장래 희망 순위는? '유튜버 되고 싶어요'〉
매일신문, 2019. 12. 10－

이런 조사를 할 때 직업명으로 나오기 어려운 사회가 조성되었으면 좋겠습니다. 이런 조사에는 몇 가지 맹점이 있어요. 운동선수도 하고 싶고 가수도 하고 싶으면 중복체크 할 수 있습니까? 그것이 5개, 6개면 어떻게 해요? 오히려 기사 제목은 "초·중·고 학생 장래 희망 갈수록 다양하고 다수로 답하는 경우 많아져"라고 바뀌어야 합니다. 다음 문장이 정답은 아니지만, 예를 들면 "저는 낮에는 건축가로 일하고 저녁에는 유튜버를 하고 주말에는 시골에 가서 재건축 관련된 기술을 알려주는 학원을 하고 싶습니다."라고 대답하는 것이에요. 순위 조사가 어떻게 될까요? 저는 다양하게 대답해서 이런 조사가 단답형으로 퍼센트로 단순 수치로 나오기 어려운 사회가 되길 바랍니다. 아이들도 어른들도 다양하고 많게 자신의 잠재력과 가능성을 맘껏 발휘하는데 그것을 피력하는데 수용되고 인정해주는 사회가 되길 원합니다.

인생을 살아가는 데 있어 정말 원하는 한 가지를 이루고 성취하는 것도 정말 의미 있는 일입니다. 그런데 두 가지를 원할 수도 있잖아요. 세 가지를 바랄 수도 있잖아요. 아직 정말 원하는 것이 무엇인지

26

찾고 있을 수 있잖아요. 기다려줍시다. 시간을 줍시다. 하고 싶은 일 많다고 바라고 원하는 아이들, 어른들도 장래 희망이 다양한 사람들 오히려 응원해 줍시다.

생각하기, 기록하기 그리고 적용하기

1. 나의 장래 희망은 무엇이었고 지금은 무엇인가요?

---

2. "장래 희망=직업이 아니다"에 대한 자기 생각을 적어보세요.

어떤 일을 할 때 가장 가슴 뛰는지 어떤 일을 하는 순간이 가장 기다려지고 설레는지 살펴봐라. 가슴에 가장 많이 머무르는 대상이 바로 당신의 꿈이다.

-아네스 안-

당신의 직업은 무엇입니까? 직업이란 과연 무엇일까요?

「온라인 디지털한자 사이트에서 살펴보면 "직업"이란 단어는 "직분 직(職)"에 "업 업(業)"이 합쳐진 말입니다. 여기에 "직"은 "귀 이(耳)" 자와 잘 안 쓰이는 한자어인 "찰진 흙 시(戠)"자가 합쳐진 말이고요. 이 "시(戠)"자는 "소리 음(音)"과 창을 의미하는 "과(戈)"자가 붙여져 생겨난 말입니다.

여기서 "귀 이(耳)"는 스승님의 말씀을 듣는 의미로 사용이 되었습니다. 즉 스승님의 말씀을 듣고 학식이 높아진다는 것을 의미합니다. "찰흙 시(戠)"는 창과 창이 부딪치는 소리를 의미하는데 창과 창이 부딪치는 소리는 무공을 연마하는 것, 전쟁에 나가 열심히 싸우고 공을 세운 사람을 의미합니다. 다시 설명하면, 스승님에게 잘 배우거나 말씀을 잘 듣고 이(耳) 학문을 쌓거나 무예를 연마 시(戠)하여 전쟁에서 전공이 있는 사람에게 일을 맡기는 것을 나타내어 '직책, 직분'이라는 뜻입니다. 학문을 배워 그 방면의 일을 잘 알고 능력이 있는 사람에게 일을 맡기는 것을 나타내어 '직분, 직책'이라는 것이죠.」

-〈https://digitalhanja.tistory.com/〉-

직업의 "업"이란 글자는 "일 업(業)"자입니다. 업은 직업 등의 뜻을 나타내는 한자죠. 이 글자는 丵(풀 무성할 착)과 木(나무 목)이 합쳐져 만들어진 글자라고 합니다. 풀이 무성해진다. 나무가 무성해진다는 뜻입니다. 자라난다. 풍성해진다. 커진다. 많아진다는 뜻입니다. 따라서 직업이란 말은 스승의 말씀을 듣고 학식이 높아지고 무공이 단련되어 그것을 새겨서 알고 전쟁에 나가면 열심히 싸워(창과 창을 부딪치며) 공을 세워 더 자라나며 커진다고 풀어서 해석할 수 있겠습니다. 그런데 누가 이렇게 심오하고 깊이 있게 직업의 의미를 알려줍니까? 부모도 선생님도 이렇게 자세히 속뜻과 의미를 아는 사람도 많지 않을 것입니다. 이렇게 직업이란 말의 뜻이 무게가 무겁습니다. 그런데 아이들한테 무슨 직업을 추천하고 무슨 직업이 좋다고 말하기 쉽습니까? 아니요. 그렇지 않아요. 훗날 가지게 될 직업에 대해서는 성인이 될 때까지 해도 쉽지 않을 것입니다. 아마도 평생을 생각하고 고민해야 할 풀어야 할 문제가 될 수도 있습니다. 중요한 것은 무엇이냐면, 직업을 정한다면 그것이 '나와 무슨 관련이 있는가'입니다.

나랑 관련이 많고 깊어야 그 직업을 가져도 신나고 재밌게 할 수 있다는 것입니다. 하는 일의 과정이 즐겁고 그 결과는 풍성하게 될 것입니다.

직업의 사전적 정의는 "생계를 유지하기 위하여 자신의 적성과 능력에 따라 일정한 기간 계속하여 종사하는 일"이라고 합니다. 하나하나 쪼개서 다뤄보겠습니다.

생계를 유지한다: 생활하게 한다. 살아가게 한다. 즉, 먹고 입고 잠을 자고 쉬게 하는 것을 가능하게 한다는 것입니다.
자신의 적성과 능력: 남이 아닌 나. 바로 나의 소질이나 성격에 맞아야 한다는 것입니다. 그리고 내가 가지고 있는 능력으로 할 수 있고 해야 한다는 것이죠.
일정한 기간: 기간이 단기간, 장기간 정해져 있지 않다는 것입니다. 이 일정한 기간이라는 말은 순간, 찰나를 넘어 지속된다는 의미겠죠.
종사하는 일: 마음과 힘을 다해서 적절한 대가를 받기 위해 얼마의 시간 동안 몸을 움직이거나 머리를 쓰는 활동을 한다는 것입니다.

이렇게 직업이 가지고 말 안에는 정말 중요한 의미가 많고 뜻이 담겨 있습니다. 그런데 아이들에게 심지어 어른들에게 이런 직업을 정하고 알아가는데 충분한 시간 주었습니까? 고민할 여유 주셨습니까? 그런 어른들은 충분히 고민하고 생각해서 지금의 직업을 갖게 되었습니까? 이러한 의미와 뜻을 알고 자녀들에게 아이들에게 직업을 추천

시야는 넓게 하기, 시선은 고정하기

하였습니까? 바라고 원했나요? 아닙니다. 대부분 아닙니다.

한국은 대학교 졸업자 전공과 직업이 일치하지 않는 것이 OECD국 중 최고입니다. 제가 학교 다닐 때도 그랬고 대입을 준비할 때도 그랬으며 지금도 그러합니다. 다음 신문기사를 살펴보겠습니다.

「우리나라 대졸자의 전공과 직업 간 미스매치는 50%에 달하여 이는 OECD 국가 중 가장 높은 수준인 것으로 나타났다.

이러한 미스매치를 해소하고 기술과 산업의 빠른 변화에 대응하려면 △(대학) 정원 규제의 재검토 △진로 교육 강화 △전공 선택 시기 유연화 등이 필요하다는 의견이 제시됐다.

한국개발연구원(KDI)은 9일 '전공 선택의 관점에서 본 대졸 노동시장 미스매치와 개선방향' 보고서(저자 한요섭)를 발표했다.

우리나라의 경우 세계적으로 높은 교육열을 바탕으로 고교 졸업자의 70% 가까이가 대학에 진학하고 있지만, 막상 졸업 후에는 심각한 취업난에 허덕이고 있다.

졸업 이후 미취업자로 머무르는 청년 비중은 2019년 기준 해당 연령대 대졸자 전체의 26.8%에 달한다. 취업자조차도 상당수가 대학 전공과는 무관한 직장에 취직하고 있는 것으로 나타난다.

OECD 조사 결과(2015)에 따르면, 한국 대졸자의 전공과 직업 간 미스매치는 50%로 영국, 이탈리아와 함께 OECD 국가들 중 가장 높았다.」

-이승환 〈대졸자 절반, 전공-직업 미스매치...
대학 정원 규제 재검토 필요〉 대학저널 2020. 6. 10-

여러 가지 문제가 있겠지만, 몰라서 그런 것입니다. 그 직업이 무슨 일을 하는지 잘 몰라서, 내가 무슨 일을 잘할 수 있는지 몰라서요. 내가 뭘 잘하는지 몰라서요. 더구나 알고 싶은데 알려고 하는데 그런 시간과 기회가 없어서요. 이것이 중요한지 알려주는 사람이 없어서요. 그래서 이러한 문제가 있다는 것입니다. 왜 좌충우돌하지 못하게 합니까? 왜 깊이 생각하지 못하게 합니까? 왜 충분히 생각하지 않습니까? 직업은 엄청 중요해요. 정말 많이 고민하고 생각하고 시행착오를 다양하게 겪으면서 생긴 경험을 바탕으로 해도 준비하고 선택해도 막상 다른 것이 직업입니다. 이렇게 어렵고 중요한데 알려주지 않습니까? 지금이라도 알려줘야 합니다. 지금이라도 아이들이 생각하게 하고 어른들도 훗날 자신의 직업을 고민해봐야 합니다.

시야는 넓게 하기, 시선은 고정하기

생각하기, 기록하기 그리고 적용하기

1. 가장 이루고 싶은 직업이 있다면 무엇이고 그 이유는?

----

2. 내가 아는 만큼 위 1번이 하는 일을 적어보세요.

> ## 1-4. 공부를 잘한다는 것은 무엇을 의미할까요?
>
> 내가 원하는 것을 하기 위해서는 자신감이나 의지나 행운 같은 게
> 필요하다고 생각했다. 하지만 가장 필요한 것은 즐거움이다.
> -이유정-

 어렸을 때 가장 반감이 드는 말은 "공부 좀 열심히 해라"라는 말이고 어른이 되었을 때 가장 아쉬움이 남는 것은 "공부를 좀 더 열심히 할걸"이라는 마음과 생각이 드는 것입니다. 공부를 잘하면 무엇이 좋을까요? 공부를 못해도 어른이 되어서도 잘 살 수 있을 거 같은데 라는 생각이 많이 듭니다. 실제 뉴스를 보고 들어보면 고학력자도 취업이 잘 안 되고 어렵다는 것을 종종 보게 됩니다. 실제 4년제 대학교에 들어가는 합격률은 70%가 된다고 합니다. 교육부와 한국교육개발원에서 2019년 10월 자료에 따르면 25~34세 청년층은 대학 이상의 학력을 가진 고등교육 이수율이 69.6%이며 이는 OECD 1위라고 발

표했습니다. 그만큼 학력이 높은 나라가 대한민국입니다.

오마이뉴스 2018년 12월 4일자 기사를 보니 우리나라는 공부하는 시간도 전 세계에서 1위이며 PISA에서 밝히는 학업성취도 평가에서 국어, 수학, 과학 등의 분야에서도 1위, 2위를 자리매김하고 있다고 하고, 하지만 대한민국은 일주일 50시간 공부를 하고 수면시간은 6시간이 안 되며 중고생 81%는 학업으로 인해 스트레스를 받는다고 합니다. 보건복지가족부가 한국청소년정책연구원에 의뢰해 작성한 '아동·청소년의 생활패턴에 관한 국제비교연구'에 따르면 국내 15~24세 청소년의 평일 학습 시간은 학교 수업, 사교육, 개인 공부 시간을 합쳐 7시간 50분이나 되는 것으로 조사되었고 다른 나라에 비해 2시간가량 깁니다. 주요 국가별 청소년의 공부 시간은 핀란드 6시간 6분, 스웨덴 5시간 55분, 일본 5시간 21분, 미국 5시간 4분, 독일 5시간 2분 등이라고 합니다. 그뿐만 아니라 국내 청소년이 일주일에 공부하는 시간은 49.43시간으로 OECD 평균(33.92시간)과 비교해 15시간이나 많았고 더 많이 공부했음에도 불구하고 학업성취도 면에서는 별 차이가 없거나 오히려 낮은 결과를 보였다고 실려 있습니다.

우리나라는 공부를 많이 하고 공부를 잘하는 나라임이 분명합니다. 그런데 공부를 잘한다고 모두가 원하는 직업을 얻고 바라는 장래 희망을 이루며 살아갈까요? 공부를 못하면 정말 자신이 원하고 바라는 바를 이룰 수가 없을까요?

서점에 가서 보세요. 공부를 잘하는 방법에 관해서 쓴 책이 엄청 많습니다. 공부를 잘해서 아이비리그에 진학했다고 사람들이 쓴 책도 많아요. 성적을 올린 성공사례 및 공부 방법을 쓴 책도 엄청 많고요. 유튜브에도 공부 잘하는 방법, 나는 이렇게 해서 공부를 잘하게 되었다, 나는 이런 마음 때문에 공부를 열심히 했다는 채널도 엄청 많습니다. 그만큼 보는 사람도 많고 사람들이 원하고 바라는 부분을 알려준다는 이야기입니다.

반대로 공부는 왜 못할까요? 여러 가지 이유가 있겠지만, 안 하니까 못하는 겁니다. 그러면 왜 안 할까요? 그것도 여러 가지 이유가 있을 겁니다. 할 이유를 몰라서, 재미가 없어서. 등

이제부터 중요한 이야기를 해보겠습니다. 아이들은 대부분 학교에서 공부합니다. 다양한 과목을 배웁니다. 국어, 영어, 수학, 과학, 역사 등. 학년이 올라갈수록 과목은 나뉘고 다양해집니다. 그런데 이 많은 과목 중에 자신이 좋아하고 잘하는 분야랑 일치되는 과목이 없다면 어떨까요? 학년이 올라갈수록 국어, 영어, 수학은 주요 과목이라고 해서 비중도 높고 잘해야 하는데 정작 자신은 자동차, 컴퓨터, 온라인 게임, 말하기, 사회 보기, 웃기기, 공감하기, 상담하기, 아이 돌보기, 청소하기 등 측정할 수 없고 과목에도 없는 분야를 잘한다면 어떨까요? 이런 분야를 잘하고 싶고 개발하고 싶고 이런 분야로 성인이 되어서도 관련 직업을 갖고 싶은데 만약 이런 것들을 잘하려고 더 깊이 고민하고 자료를 찾아보게 시간도 주고 도움도 줄 수 있습니까? 무엇이 먼저 이루어져야 할까요? 학교 과목 공부를 잘하면 물론 좋겠지만 못할 수도 있잖아요. 다른 거 잘할 수도 있는데 대부분의 학교

와 사회와 가정에서는 후자에 대해서 같이 공감하고 기대하며 지원해주지 않는다는 거예요. 나는 하고 싶은 게 따로 있는데 그것을 못 하게 하고 시간 낭비라고 하고 이게 중요하다고 하고 이것을 하라고 강요한다면 그것만큼 스트레스가 크고 힘든 일이 없을 거로 생각합니다. 아이가 잘하고 원하는 것을 찾고 응원해주면 자존감이 높아집니다. 자신감이 생겨요. 학교 공부도 잘할 확률도 높아질 거예요. 내가 세상에 나가더라도 내세울 수 있고 당당한 모습을 보일 수 있는 잘하는 것을 가진 사람이랑 '난 공부도 못해', '성적도 나빠', '맨날 혼나', '잔소리 들어'…. 정신적으로 심적으로 누가 건강합니까?

아직 내가 잘하고 좋아하는 분야를 못 찾았을 수도 있잖아요. 내가 즐거운 일, 내가 막 설레고 벅찬 일들이 이 세상의 분야나 주제가 없겠습니까? 공부? 내가 즐거운 일, 내가 시키지 않아도 찾아서 하게 되는 것들에 대해서 자료를 찾고 익히는 것, 내 것으로 만드는 것, 이미 이룬 사람이 있다면 찾아가서 질문하고 답을 얻는 것, 새로운 목표를 세우게 되고 또 그것을 위해서 노력하는 것. 이것이 공부 아니겠습니까? 만약 이러한 분야, 주제, 직업군, 장래 희망 등을 찾았는데 학교 공부가 필요하다면 학교 공부하게 될 것입니다. 열심히 하게 될 거예요.

학력 높은 사람은 많고 공부를 잘하는 사람들도 많아요. 석박사들도 많아요. 조선닷컴에서 아래와 같은 기사가 있습니다.

「美 일리노이주립대 출신도 탈락. 지방대 나온 두 가장이 붙은 비결',
빚더미, 건설인부…. 실패 끝내고 싶다'
10년 전만 해도 '3D' 직업으로 불리던 환경미화원은 요즘 '신의 직
업' 중 하나로 통한다. 채용 공고가 나올 때마다 유학파와 고학력자
까지 몰리며 수십 대 1의 경쟁률을 기록한다.
얼마 전 10명을 뽑은 대구 중구청 환경미화원 공채에는 97명이 몰려
10대 1 가까운 경쟁률을 기록했다. 88명이 체력테스트에 응시해 35
명이 2차 서류 전형을 봤고, 면접을 거쳐 10명이 선발됐다. 이 가운
데 미국 일리노이주립대 출신과 국내 명문대 석박사 출신이 끼지 못
하고 탈락했다.」

-이신영 〈미 명문대도 떨어진 '꿈의 직업' 환경미화원을 뚫은 지방대 출신
30대 가장들〉 조선닷컴, 2016.11.03-

명문대 석박사 출신은 공부를 잘할까요? 못할까요? 물론 잘합니다.
근데 왜 환경미화원 시험을 봤을까요? 환경미화원을 절대 깎아내리는
것이 아닙니다. 환경미화원이 되려고 명문대 석박사가 되고 유학을
다녀온 걸까요? 아닐 겁니다. 전혀 자신이 공부하고 전공한 것과는
다른 것입니다. 그만큼 내가 원하고 바라는 분야를 몰랐다는 것입니
다. 그저 학사 공부를 잘하고 석사 공부를 잘하고 박사 공부를 잘한
것입니다.

공부를 잘해서 학력이 좋고 소위 말하는 간판이 좋으면 회사에 들어

가고 학교에 스카우트 되는 사례는 개천에서 용이 나기보다 어려운 시대가 되었습니다. 그렇게 된다고 해도 그 사람은 내가 생각하고 바라는 분야가 아니라면 그 공동체에서 적응하지 못할 가능성이 큽니다. 중요한 것은 내가 원하고 바라는 분야에 대해, 주제에 관해서 공부를 잘하는 것입니다.

생각하기, 기록하기 그리고 적용하기

1. 내가 가장 잘하고 자신 있는 분야나 주제는 무엇인가요?

----

2. 위 1번을 잘하고 자신이 있게 된 이유는?

----

3. 위 1번을 더 잘하기 위해 평소 어떤 준비와 노력을 하고 있나요?

시야는 넓게 하기, 시선은 고정하기

목표를 설정하고 그것을 달성해본 적 있습니까? 그것이 작든, 크든
상관없이요. 등산이나 마라톤 등을 해본 적 있습니까? 학교든, 교회
든, 기업이든, 어떤 공동체든, 개인이든 심지어 학교 공부를 시작하
는 단원에도 목표가 있다는 것을 우리는 잘 압니다. 축구에서도 골을
넣어야 득점을 얻고 승리를 할 수 있는 확률이 높아지는 것처럼 목표
=Goal은 무척이나 중요하죠. 목표를 정하는 것은 무척이나 중요합니
다.

자신이 속해있는 팀이나 부서, 나아가 전체 공동체, 기업은 목표를
설정하고 그 목표를 향해 전진합니다. 아주 쉬운 예를 들어보겠습니
다. 어느 상품을 판매하는 회사 내에 부서에서 100만 원짜리 상품을
1,000개를 이번 달에 팔고 매출 1억원을 달성한다면 팀원 10명 모

두에게 보너스와 함께 4박 5일 동안 괌으로 여행을 보내준다고 해봅시다. 팀원 모두는 시간을 쪼개서라도 야근을 해서라도 주말 시간을 반납하더라도 매출을 달성하려고 노력할 것입니다. '이번 주에는 최소 250개를 팔아야 한다.', '이 방법, 저 방법을 써서 해보자.' 등 갖은 노력을 해서 매출을 달성하려고 할 것입니다. 왜 그럴까요? 1억 원이라는 목표는 보너스와 4박 5일 괌 여행이라는 보상이 뒤따르기 때문입니다. 어린아이들에게도 비슷한 사례를 적용해 볼 수 있죠. '이번 시험에서 수학 90점을 넘으면 휴대전화기를 바꿔줄게.', '용돈을 올려줄게.' 등 그럼 아이는 수학 90점을 향해 노력합니다.

 기업에도 회사에도 목표가 있습니다. 2020년 프로야구 한국시리즈에서 우승한 NC 다이노스의 모기업인 NC은 가치와 목표가 '엔씨가 꿈꾸는 미래는 물리적인 시공간의 제약을 넘어 모두가 즐거움으로 연결되는 무한한 가능성의 세계, 끊임없이 도전으로 그 세계를 창조해 나가는 엔씨의 진지함과 열정을 보여주는 새로운 방식'입니다.
학교에도 목표가 있습니다. 제 모교인 여의도고등학교는 "창의 인재 양성"이라는 큰 타이틀 아래 학교 교육 방향은 1) 창의교육을 실현하는 맞춤식 교육과정 2) 학생과 교사가 서로 행복한 교실 3) 안심 교육과 인성교육을 실현하는 행정 지원 4) 참여 교육을 실현하는 민주적인 학교라고 합니다.
 학교 교과의 단원에도 학습 목표가 있죠. 중학교 2학년 수학 함수 부분을 보면 학습 목표가 1) 일차함수의 뜻을 말할 수 있다. 2) 일차함수의 그래프를 그릴 수 있다.입니다.

시야는 넓게 하기, 시선은 고정하기

목표를 정한다는 것은 거기에 내 뜻과 행동, 생각을 집중하고 몰입하여 방향을 설정하여 이루고 성취하는 의미가 있습니다. 올림픽에 출전하는 운동선수들은 금메달을 목표로 하기도 하고 2연패를 달성하려고 하기도 하고 자신의 기록을 깨기 위해서도 참가하기도 합니다. 운동선수를 예로 들면 우리는 금메달을 땄던 선수들을 손벽을 치며 기뻐하기도 하지만 따기 전에는 숨죽여 간절한 마음으로 응원하기도 합니다. 꼭 내가 금메달을 획득한 것처럼 기뻐하고 감격하기도 하죠. 반면에 그 선수와 그 환희는 금방 잊히곤 합니다. 더 나쁘게는 도박이나 약물 등에 빠지는 경우도 미디어를 통해 소식을 접할 수 있습니다. 운동선수가 나락으로 빠지는 이유를 前스피드스케이팅 국가대표팀 감독이었던 제갈성렬은 아래와 같이 말합니다.

「"경기를 마치게 되면 마약을 하고 싶을 정도로 허무한 마음이 든다. 심리적으로 약해지고 흔들리는 상황에선 작은 유혹에도 쉽게 넘어간다. 불순한 의도를 가진 주변인들은 그런 선수들의 심리를 악용하기 일쑤다. 제갈 전 감독은 "역대 연봉을 받는 선수들이 도박에 빠지는 이유는 돈이 필요해서가 아니다. 미음의 안정을 찾기 위한 보조 수단일 뿐이다"며 "선수들은 운동으로 받는 스트레스를 풀 방법이 필요하다. 섹스 등 다른 쾌락을 찾거나 종교에 몰입하는 예도 비슷한 사례다"고 밝혔다.」

-이석무 〈운동선수가 도박에 더 잘 빠지는 이유〉

이데일리, 2021. 1. 7-

실제로 많은 선수가 올림픽을 치룬 후 허탈감, 무력감, 공허함을 느낀다고 합니다.

「금메달이라는 목표를 이룬 후, 모든 것을 이루었기 때문에 다음 목표를 세우는 데 어려움을 느낀 적이 있다는 것. 선수 생활에 있어 최후의 목표이자 지향점이라고 해도 과언이 아닐 것이 바로 금메달이기에, 최고의 자리를 차지한 후에는 넘어설 적수가 없다는 점 때문에 새로운 목표 설정이 힘들어지는 챔피언들의 딜레마다.」

-김희선 〈김연아, 은반 복귀 이유 공허함…. 허탈감〉

조선일보, 2013. 3. 14-

실제 밴쿠버 올림픽에서 세계신기록을 수립하며 금메달을 딴 김연아 선수는 얼마 뒤에 열린 세계선수권 대회에서 같은 연기, 같은 음악, 같은 기술로 대회에 참가했지만 안 하던 실수를 하고 점수를 낮게 받은 적이 있습니다. 김연아 선수의 목표는 밴쿠버 올림픽에 맞춰져 있었고 그다음에 열리는 대회는 생각해 보지 않았기 때문이며 따라서 2014년 소치올림픽을 준비할 때도 그 결정이 쉽지 않았다는 것입니다.

이런 것처럼 목표는 정하게 되면 거기에 내 모든 에너지를 쏟게 됩니다. 그것이 내가 정한 목표이고 나와 관련된 목표이며 내가 원하는 바일 경우는 더욱 그렇습니다. 하지만 그것을 성취한 다음을 또한 생각해야 합니다. 많은 방법이 있겠지만 우선은 제일 쉽고 실천할 방법을 소개합니다.

첫째, 나와 관련된 목표를 정하는 것은 중요하다는 것을 반드시 인지합니다. 목표가 없으면 방향과 속도, 내 시간, 능력 등을 허비하기 쉽습니다. 돋보기를 가지고 검은 종이를 태울 때 햇빛을 한곳에 모으는 것처럼 한 점을 정하고 거기에 에너지를 쏟는 것은 중요합니다.

둘째, 나의 목표를 하나로만 정하는 것이 아니라 계단식으로 단계별로 정하는 것도 좋습니다. 예를 들면 '10년 후 내 경험을 발산할 수 있는 기업에 입사하고 20년 후에는 중견 간부가 되고 30년 후에는 새로운 도전을 위해 창업을 하고 40년 후에는 후배 양성을 위한 아카데미를 운영하며 50년 후에는 일과 여가를 병행한다.'는 식으로 말이죠

셋째, 인생의 가치를 정해두고 끊임없이 추구하는 것입니다. 기업별 목표나 학교의 목표는 굉장히 추상적이고 원대합니다. 목표는 수치화되어 있고 시간을 정해 놓고 실천할 때 성취할 가능성이 커지고 실제로 많은 학자가 가르치고 있는데요. 가치만큼은 수치화하기가 어렵죠. 자신의 인생을 통틀어서 가장 중요하다고 여기는 가치를 찾아 끊임없이 거기에 몰두하는 삶을 사는 것입니다. 할리우드의 유명한 여배우였던 오드리 헵번은 영화배우로서의 영광과 인기를 뒤로하고 소말리아 등 오지에서 인권운동과 자선사업 활동을 했습니다. 그녀에게 있어 인생의 중요한 가치는 64세 암으로 사망하기 전까지 '차별 없는 구호'를 위해 살았습니다. 이것처럼 인생의 중요한 가치를 정하고 추구하는 삶을 사는 것입니다.

목표를 정하세요. 반드시 나와 관련된 목표를 정하세요. 그 목표를 이룬 자신의 모습을 상상하며 오늘 하루, 오늘 순간을 살아가세요. 그 목표를 쪼개어 단기간의 목표를 정하고 그것을 이루며 성취감을 만끽하세요. 그리고 거기에 멈추지 말고 공허함을 떨쳐버리고 제2의 제3의 인생을 설계하세요. 여러분의 삶이 행복과 가치와 노력과 성취로 가득하길 바랍니다.

시야는 넓게 하기, 시선은 고정하기

1. 살면서 목표를 정하고 달성, 성취한 경험이 있나요?

----

2. 그것은 무엇이며 어떤 준비와 노력을 했나요?

----

3. 요즘 가장 이루고 싶은 목표와 그 이유는?

1-6. 결국 중요한 사람은 바로 나!

나만이 내 인생을 바꿀 수 있다. 아무도 날 대신해 해줄 수 없다.
-캐롤 버넷-

시중에 보면 굉장히 다양하고 많은 검사가 있습니다. 성격 유형 검사 MBTI, Holland 흥미 유형 검사 RIASEC, 다중지능검사, IQ 검사, 에니어그램 검사, DISC 검사, MLST 학습전략 진단 검사 등이 있습니다. 더 많은 검사도 있습니다.

각각 간략하게 다뤄보겠습니다. 첫 번째, MBTI 성격 유형 검사는 위키백과에서 보니 외향형, 내향형, 감각, 직관, 사고, 감정, 판단, 인식 16가지 유형으로 결과를 나타내주는 마이어스-브릭스 유형 지표(영어: Myers-Briggs Type Indicator, MBTI)는 캐서린 쿡 브릭스(Katharine C. Briggs)와 그의 딸 이사벨 브릭스 마이어스(Isabel

B. Myers)가 카를 융의 성격 유형 이론을 근거로 개발한 성격 유형 선호지표로 제2차 세계대전 시기에 개발된 검사라고 설명하고 있습니다. 아주 간단하게 살펴보겠습니다. 먼저는 외향형(E)인지 내향형(I)인지를 알려줍니다. 많은 사람이랑 있을 때 신나고 기운을 얻고 어울리기 좋아하는 사람과 혼자 있거나 친한 사람 한 명과 있을 때 기운이 회복되고 좋아하는 사람입니다. 두 번째는 감각형(S)인지, 직관형(N)인지를 아는 것인데 감각형은 현실적이고 경험을 중시하는 사람이고 직관형은 추상적이고 함축된 의미, 느끼는 감각 등을 좋아하는 사람입니다. 세 번째는 사고형(T)과 감정형(F)인데 무언가를 판단할 때 이성적이냐 감정적이냐를 묻는 것이고 네 번째 생활 패턴에 대해서 알아보는 것인데 판단형(J)이냐 인식형(P)이냐를 아는 것입니다. 일하는 책상을 보면 짐작할 수 있는데 물건들을 제자리에, 책들을 크기별로 순서별로 꽂아 놓는 것이 편한 사람은 판단형이고 중구난방, 복잡하고 어지럽게 해두었지만 자기만의 순서와 배치가 있는 사람들은 인식형입니다.

두 번째, 홀랜드의 직업흥미검사는 홀랜드 직업 흥미 유형 이론에 따라 설계되었습니다. 홀랜드 직업 흥미 유형은 미국의 저명한 심리학자인 John L. Holland가 개발하였으며, 성격 유형에 기반하여 직업 유형을 선택할 수 있게 한 심리검사 이론입니다. -커리어넷-
R유형은 실재형으로 직접 만들어 보고 오감을 통해 느끼어 아는 것을 좋아하는 유형입니다. I유형은 탐구형으로 머릿속으로 고민하고 생각하며 분석하길 좋아하는 유형입니다. A유형은 예술형으로 음악

적, 시각적 감각, 창의적 표현을 좋아하는 유형이고 S유형은 사회형
으로 사람의 이야기를 듣거나 전하기를 좋아하고 배려하고 인간적 관
계가 발달하는 유형입니다. E유형은 기업형으로 도전하고 성취하며
공동체를 이끌어가는 유형이고 C유형은 관습형으로 성실하게 맡은
바 역할에 대해 묵묵히 잘 감당해내는 유형입니다.

세 번째, 다중지능 이론은 미국 하버드 대학의 하워드 가드너 교수
가 1983년 출간한 《마음의 틀》는 저서에서 발표한 새로운 지능의 개
념입니다. 그는 지능의 8가지 영역을 새롭게 조명하며 기존의 문화가
지능을 너무 좁게 해석하고 있으며 단일한 능력이 아니라 다수의 능
력이 인간의 지능을 구성하고 있다고 주장했다고 합니다. 하워드 가
드너 교수의 이론을 바탕으로 다중지능은 조기에 개인의 강점을 파악
하여 성공적으로 적성을 살릴 수 있도록 함과 동시에 개인 잠재능력
의 탐색 및 개발이라는 측면에서 교육계는 물론 각종 연구기관, 직업
/적성 관련 업계 등에 이르기까지 상당한 주목을 받고 있다고 한국교
육진흥원은 알려주고 있습니다. 다중지능 이론은 8가지 지능으로 분
류하고 있는데 각각 명칭과 키워드를 나열해 보겠습니다.
1) 언어지능: 말하기, 작문 2) 논리수학 지능: 셈하기, 과학적 사고
3) 자아 성찰치는: 자신에 대한 인식 4) 음악지능: 악기, 노래 5) 신
체운동지능: 운동, 작업 6) 대인관계지능: 친화력 7) 자연친화지능:
동물, 식물 8) 공간지능: 공간인식, 디자인입니다.

네 번째, 에니어그램은 인간의 성격 및 행동 유형을 9가지로 분류한

이론입니다.

윤운성 박사는 1번 유형(개혁가), 2번 유형(조력가), 3번 유형(성취자), 4번 유형(예술가), 5번 유형(사색가), 6번 유형(충성가), 7번 유형(낙천가), 8번 유형(지도자), 9번 유형(중재자)로 구분하며 직장, 가족, 친구 사이에서의 나를 이해하고 자신의 내면을 탐구하는데 유용한 검사입니다.

다섯 번째, DISC 행동유형 진단 검사입니다. 1928년 윌리엄 몰턴 마스터 박사가 개발한 검사로 주도형, 사교형, 안정형, 신중형 등 4가지 유형에 따라 사람을 이해하고 있습니다. 몰턴 박사에 의하면 인간은 환경을 어떻게 인식하고 또한 그 환경 속에서 자기 개인의 힘을 어떻게 인식하느냐에 따라 4가지 형태로 행동을 하게 된다는 진단 검사입니다.

여섯 번째, IQ입니다. 지능 발달 정도를 나타내는 검사 결과로 나타내는 수치입니다. 네이버 지식백과에 따르면 지능지수(知能指數)라고 하며, 다음 식(式)Q = (정신연령 ÷ 생활연령) × 100에 의하여 산출된다고 합니다.

일곱 번째, MLST입니다. 박동혁 님(2006)이 개발한 한국가이던스의 MLST학습전략검사(Multi-dimensional Learning Strategy Test)는 학업성취도에 영향을 미치는 중요한 요인인 심리적 특성(성격/ 정서)과 동기 수준에 대한 정보가 함께 제공되며, 학습전략을 8개의 영역으로 세분화시켜 평가하는 검사입니다.

저는 여기 검사 중 MBTI, 흥미 유형 검사, 에니어그램, IQ, 다중지능검사를 해보았습니다. 어느 유형은 좋고 어느 유형은 나쁠까요? 그런 거 없습니다. 검사는 나에 대해 알아가는 데 도움이 된다는 것입니다. 평가지표가 아니에요. 반면에 그렇다고 나를 다 알게 해주진 못합니다. 저는 ESTJ이지만, 대중 앞에서는 외향적이지만 1대1 관계에서는 내향적입니다. 흥미유형검사를 하면 RIASEC 중 기업형 E이기도 하지만 C도 잘 맞아요. S도 나옵니다. 저는 비교적 손재주도 좋아서 리폼하는 것도 좋아하고 만들기도 곧잘 합니다. 또 다중지능검사에서는 언어지능은 확실하게 나오는데 논리적이지만 저는 결코 수학적이진 않습니다. 에니어검사도 군대시절 데인 적(직속상관이 1번 유형)이 있어서 그런지 저는 1번 유형을 선호하진 않지만 저 스스로가 1번 유형이 나옵니다. IQ도 그렇게 높지도 않고 낮지도 않아요. 제가 이야기하고자 하는 바는 이 모든 검사가 절대적이진 않다는 것입니다. 5학년 아이들을 대상으로 흥미 유형 검사를 하고 그 결과지를 같이 살펴볼 때가 있었는데 자신이 평소 즐거워하고 재밌어하는 활동이랑 검사 결과가 달라서 우는 아이도 있었어요. 그리고 결과지를 받으면 꼭 성적표를 받은 것처럼 '옆 친구가 좋게 나왔다', '나는 별로'라는 식으로 말하는 아이들도 있고요. 하지만 그건 아니에요. 그러지 말라고 당부합니다. 그 검사를 했다고 결과를 받았다고 하여 그대로 해야 하는 것도 아니고 100% 나를 나타내는 것도 아닙니다. 참고를 할 뿐입니다. 각종 검사를 하면 할수록 나를 아는데 나를 이해하는데 더 헷갈리고 어려움을 준다면 극단적인 표현을 하자면 검사를 하지 말라고 하고 싶습니다. 나에 대해 아는 것이 정말 중요한데 이 많은 검사는 그저 도구일 뿐이라는 것이죠. 나에 대해서 아는 방법은 여러 가지가 있는데 그 중의 가장 좋은 방법은 나 스스로에 대해 내가 생각해 보고 시도해보고 경험해보라는 것입니다.

앞장에서 공부에 대해서도 살짝 언급했지만, 공부의 최고봉은 '나에 대해 아는 것'입니다. 다중지능검사 중 자아 성찰 지능이 있는데 다른 지능이 다 높더라도 이 지능이 높지 않으면 다소 문제가 있는 것입니다. 다른 지능이 높지 않더라도 자아 성찰 지능, 이것이 높으면 긍정적으로 볼 수 있습니다. 그만큼 나에 대해서 생각을 많이 하고 나를 알고 있다는 것을 의미하거든요.

아래의 문장을 읽어봅시다.

「미국 주간지 〈타임〉칼럼니스트 마이클 시몬스는 에디슨, 아인슈타인, 벤자민 프랭클린 등 저명인사들의 저명인사들의 공통 습관을 찾았다. 낮잠, 일기, 산책 등 급한 일에서 비켜나 자기만의 시간을 갖는 것. 언뜻 비효율적으로 보이나 성취의 원동력이 된다.」

–《좋은생각》 2020년 11월호 p75, 2020. 11–

이러한 위인들의 공통점을 우리는 배워야 합니다. 내가 원하고 내가 바라는 것이 무엇인지 알기 위한 시간을 갖는 것입니다. 나를 알기 위해 산책하며 생각을 하고 일기를 쓰며 자신의 하루를 되돌아봅니다. 나를 알기 위해 시간을 쓰고 현재 내가 하는 일의 성취를 위해서 자신만의 시간을 갖는 것입니다. 이렇게 시간을 쓰고 노력을 하는 것이 바람직합니다.

　내가 하는 일은 나랑 잘 맞아야 합니다. 내가 휴식을 취한다면 내가 원하는 방향으로 쉼을 가져야 하고요. 내가 노는 시간을 갖는다면 내가 신나게 노는 것을 알고 그것대로 놀아야 합니다. 그래서 나는 이 책을 읽는 독자가 자기에 대해 아는 것이 얼마나 중요한지를 깨닫고 자기를 아는 데 시간과 힘을 투자하길 바랍니다.

생각하기, 기록하기 그리고 적용하기

1. 그동안 받아 본 심리, 학습, 성격 등의 검사는 무엇이 있었나요?

----

2. 위 1번을 받아본 경로와 결과는?

----

3. 결과를 받아 본 느낌과 생각은 무엇인가요?

2장

직업에 대한 참 의미 알아보기

2-1. 없어지는 직업, 생겨나는 직업

지금까지 무슨 일을 했느냐도 중요해요. 하지만 더 중요한 것은
앞으로 무엇을 할 거냐는 거죠.
재미있고 좋은 일은 과거가 아니라 미래에 있거든요.
-미즈오 요시타카-

저는 40대입니다. 제가 어렸을 때 가장 돈을 많이 버는 사람은 현대그룹의 정주영 회장이었습니다. 제가 초등학교, 중학교에 다닐 때만 해도 정주영이란 사람이 얼마나 돈이 많은지 성공한 기업가인지 몰랐습니다. 정주영 회장은 한국갤럽이 2019년에 조사한 한국인이 존경하는 인물 리스트에서 기업인 신분으로는 최고 순위인 전체 6위에 오르기도 했고요, 롯데의 신격호 회장도 재계 순위 5위가 된 적(1967년)도 있었습니다.

각 기업의 순위를 신문기사에서 찾아보았습니다.

「1986년 1위는 현대, 2위는 대우, 3위가 삼성, 4위가 럭키금성, 5위

가 국제상사, 6위가 쌍용, 7위는 경남기업, 8위가 범양상선, 9위가 효성, 10위가 선경(SK)이었습니다. 2016년 1위는 삼성, 2위는 현대자동차, 3위 한국전력공사, 4위 한국토지주택공사, 5위 SK, 6위 LG, 7위 롯데, 8위 포스코, 9위 GS, 10위 한국도로공사 순이었습니다.」

-장원석 〈80년대 호령한 대기업 30%만 남아〉

중앙일보, 2016. 4. 17-

「2021년 기준으로 1위는 삼성, 2위는 현대자동차, 3위는 SK, 4위는 LG, 5위는 롯데, 6위는 포스코, 7위가 한화, 8위는 현대중공업, 9위는 GS, 10위는 농협입니다.」

-서미숙 〈코로나가 바꾼 재계 지형도…셀트리온·네이버 자산 순위 급등〉

연합뉴스, 2021. 2. 10-

국제상사는 해체되었고 쌍용은 버티다가 2014년 상장폐지 되었으며 범양상선은 다른 그룹에 흡수되었고 그 밖의 많은 소위 대기업이라는 회사들이 사라지고 없어졌습니다. 순위도 많이 바뀌었습니다.

「전 세계적으로 봤을 때(IT분야) 1990년에 1위는 미국의 IBM, 2위는 일본의 HITACHI, 3위는 일본의 파나소닉, 5위는 NEC 6위는 소니, 7위는 후지쓰, 8위는 닌텐도 9위는 후지필름 10위는 샤프였습니다.」

-박상훈 〈25년 IT 역사로 본 추락하는 기업의 3가지 특징〉

조선일보, 2015. 6. 25-

시야는 넓게 하기, 시선은 고정하기

「2020년 현재는 아마존, 구글, 애플, 마이크로소프트, 삼성, 중국공상은행, 페이스북, 월마트, 핑안보험, 화웨이 순입니다.」

-전경운 〈英 브랜드파이낸스 조사, 삼성전자 브랜드 '세계 5위'〉

매일경제, 2020. 1. 28-

　휴대폰을 제일 먼저 만든 기업은 모토로라이지만 현재 우리 주위에 모토로라는 쓰는 사람은 거의 찾아보기 힘듭니다. 디지털카메라를 제일 먼저 만든 기업은 코닥이지만 요즘 아이 중에 코닥을 아는 아이가 없어요. 즉석카메라를 만든 폴라로이드도 겨우 명맥만 유지하는 중입니다.

　당시 현대에 입사하거나 일본의 파나소닉, 샤프 등 대기업에 들어간 사람들은 주위에서 우러러볼 정도로 성공의 첫걸음을 내디뎠다고 봤을 수 있습니다. 하지만 그 사람들 지금도 대기업에 다니고 있어요? 파나소닉, 샤프 지금은 잘 보이지도 않는 회사가 되었습니다. 대기업에 입사한다고 해서 내 앞날이 내 진로가 보장되거나 탄탄대로를 가게 되는 것이 아닙니다. 회사나 공동체, 기업은 언제 어떻게 될지 모릅니다. 누구도 알 수가 없습니다.

「2012년 이후 최근 8년 간 본직업과 관련직업 등을 모두 포함한 새로운 직업이 5236개 늘어난 것으로 나타났다.

한국고용정보원이 5월 28일 발간한 '한국직업사전 통합본 제5판'에 실린 결과다. 한국직업사전 통합본은 국내 직업을 집대성한 것으로 2012년부터 2019년까지 8년 간 우리나라 직업에 대한 정보가 담겼다.

통합본에 등재된 직업 개수는 총 1만 6891개로 2012년 발간했던 제4판 대비 5,236개가 증가했다. 단, 이는 본직업과 관련직업 그리고 유사명칭을 모두 더한 개수로 유사명칭 직업을 제외하면 약 1만 2,823개의 직업으로 간추려진다.

그렇다 하더라도 제4판 대비 3,526개 직업이 증가하며, 최근 8년사이 고령화와 4차 산업혁명 등 신기술 및 디지털화로 새로운 직업이 다수 생겨난 것으로 유추됐다.」

-이윤희 〈'빅데이터전문가, 애완동물장의사'···.

사회변화로 신생직업 270개 생겨〉 아웃소싱타임스, 2020. 5. 29-

저는 초등학교 5학년과 중학교 2학년을 중심으로 약 7년간 진로 수업을 진행했고 하고 있습니다. 앞서 이야기한 대로 아이들은 수업에 임하기 전에 학습유형 검사를 보고 수업 중에는 그 결과에 대해 해석하는 것을 다룹니다. 거기에는 검사를 본 아이들에게 직업을 추천해주는 설명이 담겨 있습니다. 그런데 거기에 나와 있는 직업을 설명해주기 다 설명해줄 수 없습니다. 제가 1만6천여 개가 넘는 직업을 다 외우지 못하기 때문이죠. 하지만 요새는 인터넷이 발달하여 모르는 직업명을 검색하면 다 알려줍니다. 그러면 그것이 나에게 어울릴지 내가 좋아하는 분야이며 주제인지 알아갈 수가 있습니다. 또 그 추천한 직업대로 검사하고 결과지를 받은 아이가 꼭 해야 하는 것도 아닙니다. 시야를 넓혀주는 동시에 시선을 고정해주는 것입니다. '아, 이런 직업들이 있구나.', '이름이 특이하네? 이것 무슨 일을 하는 직업이지?', '나는 이런 직업을 좀 알아봐야겠어.', '이런 직업도 마음이 좀 끌린다. 이것도 접근해 봐야겠어.' 이런 식으로 자신의 시야를 넓혀주면서 시선을 고정되게 해주는 것입니다.

예전에는 2000년 초반까지만 해도 동네에 1~2개씩은 비디오 가게가 있었습니다. 집마다 비디오 플레이어가 있었거든요. 돈을 주고 영화 테이프를 빌리고 기한 내 반납하는 것입니다. 지금은 다 없어졌어요. 비디오테이프로 영화를 보는 사람이 없으니까요. 그러면 비디오 테이프 제작하는 사람, 유통하는 사람, 테이프를 만드는 공장, 테이프를 대여하는 가게 등이 없어진 거예요. 제가 본 적은 없지만 버스 안내양이 있었던 적도 있었고, 수도시설이 보급되기 전에는 물을 지고 다니면서 한 바가지씩 파는 사람도 있었습니다. 학교 앞에는 문방구들이 5개 정도는 되었고 동네마다 서점도 하나씩은 있었습니다. 근데 지금은 없어지거나 찾아보기 힘들어요. 카페가 엄청나게 생겼고요, PC방에서는 음식도 먹을 수 있습니다. 유튜버라든지 BJ, 프로게이머, 푸드스타일리스트, 애견미용사, 웹디자이너 등이 생겨났습니다. 하지만 이러한 직업들이 앞으로도 계속 남아있으리라고 보장할 순 없습니다. 그러니 어떤 직업이 유망한지, 안정적인지, 발전 가능성이 큰지, 생활을 보장할 수 있는지 쉽게 예측할 수 없습니다.

어느 회사나 직업을 목표로 열심히 살아왔는데 중간에 그것이 없어지거나 그 수가 줄어들 수 있습니다. 그 회사나 기업이 없어질 수도 있고 경제적 순위가 내려갈 수도 있습니다. 그럼 마음이 허망하거나 허탈할 수 있을 것입니다.

지금은 없어졌지만, 예전 KBS1TV에서 한 분야에서 성공한 사람이 자신이 어렸을 적 다녔던 학교에 방문하여 후배들을 만나고 이야기를 전하고 듣는 프로그램이 있었습니다. 〈반갑습니다. 선배님〉이라는 프로그램에서 뮤지컬 배우 최정원이 나와서 후배들과 Q&A시간을 가졌습니다. 한 아이가 '동물사육사'가 되고 싶은데 부모님께서 힘들고 열심히 공부해서 기껏 동물들의 배설물을 치우는 그런 걸 하려고 하냐고 반대한다고 했습니다. 최정원 배우가 답을 했어요. "동물사육사 해! 그런데 정말 좋아하고 하고 싶으면 그 분야에서 최고가 되렴."이라고 답해주었어요. 저는 2009년도에 이것을 보았고 지금도 기억합니다. 그래서 저도 아이들에게 대답합니다. "하고 싶어? 되고 싶어? 정말 그렇다면 거기에서 최고가 되렴. 생각했던 직업이 없어질 수도 있겠지만 그렇다고 네 노력과 네 쌓은 경험이 사라지진 않아. 그리고 없으면 하고 싶은 직업을 네가 만들어. 그래서 그 분야에 최고가 돼. 그건 너만 할 수 있는 거야."

생각하기, 기록하기 그리고 적용하기

1. 예전에 있었는데 지금은 없어진 직업은 무엇일까요?

----

2. 앞으로 더 생겨날 것 같은 직업은 어떤 것이 있을까요?

----

3. 위 2번의 이유는 무엇인가요?

2-2. 원하는 직업을 갖게 되어도 끝난 게 아닙니다.

시계를 돌리는 방법은 없다. 그러므로 인생의 질문은 이와 같다.
"내가 여기 있는 동안 무얼 할 것인가?"
-골디 혼-

저는 축구부가 있는 중학교에서 자기주도학습 강의를 한 적이 있습니다. 또 다른 학교에서도 종교 교사를 할 때도 축구부가 있었습니다. 교실마다 축구부 아이들이 있었는데 목표에 관해서 물어보면 10명 중 10명은 국가대표라고 자신들의 목표를 이야기했습니다. 그래서 "국가대표 다음에는 은퇴하게 되거나 하면 무엇을 할 건데?"라고 물어보면 대부분 "감독"이나 "코치"라고 대답을 했습니다. 감독이나 코치도 좋지만 모두 똑같은 대답과 똑같은 생각을 하는 아이들을 보며 그 틀을 깨뜨리고 생각을 확대하려고 노력을 했습니다. 국가대표도 좋고 감독도 좋지만 달성한 그 후에 대해 목표를 그려내지 못하는 것에 대한 아쉬움, 그럼 감독을 하죠. 라고 차선책을 선택한 듯한 대답은 안타까운 여운을 남겨주었습니다.

내가 원하고 바라는 직업을 갖게 되었다고 합시다. 그것으로 내 삶이 끝입니까? "와! 이루었다. 끝! 이렇게 합니까?" 아니에요. "죽어도 여한이 없다."라고 이야기하는 사람들도 보았지만 "다 이루었다."라고 다 생의 마감을 바라는 사람은 없습니다. 제가 강조하고픈 것은 원하는 직업을 갖게 되었다고 해도 남은 인생이 길고 할 수 있는 것이 많으니 그것에 대해서도 진지하게 생각하고 고민해야 한다는 것입니다. 찾아봐야 하고 원하는 직업을 갖기 위해 노력한 만큼 또 하나씩 하나씩 계단을 오르듯, 한 걸음 한 걸음 전진하듯 할 것들을 꿈꿔야 한다는 것입니다. 대통령이 되는 것이 꿈이라고 합시다. 대통령은 임기가 5년인데 임기 마치면 인생이 끝납니까? 아나운서가 되고 싶어서 아나운서가 되었다고 합시다. 9시 뉴스 앵커가 되고 싶어요. 라고 한다고 해도 9시 뉴스 앵커를 계속할 수는 없습니다. 프로야구 선수가 되는 것이 꿈이라고 해서 그것이 되었다고 마침표를 찍는 것이 아닙니다. 특히 운동선수는 30대 중반이 되면 은퇴를 고민합니다. 유명한 선수들은 코치를 하고 방송 해설자를 하고 간간이 얼굴을 비추는데 그것도 단기간으로 계약된 임시직입니다. 올림픽을 보면 금메달을 목표로 하는 선수들의 인터뷰를 많이 보게 됩니다. 금메달을 따고 국민에게도 자신에게도 벅찬 감동과 환희를 느껴요. 기자들이 이후의 계획에 관해 물으면 대부분 "아무 생각 없이 집에서 푹 쉬고 싶습니다. 차차 생각해 보려고요."라고 대답을 많이 합니다. 금메달을 따는 것이라는 목표만 있었기 때문입니다. 은메달을 땄다면 "다음엔 금메달을 따기 위해 다시 달리겠습니다."라고 하겠지만요.

 MBC 라디오스타라는 프로그램에 리듬체조로 유명한 손연재 선수가 나온 적이 있었습니다. 손연재 선수는 우리나라 최초로 올림픽 본선 진출과 아시안게임에서 금메달을 따낸 훌륭한 선수이지요. 그런데 본인은 19살 때 은퇴를 하고 싶었다고 합니다. 올림픽에 나가는 게 꿈이어서 결승에 갔으니까 은퇴를 하고 싶었다고 해요. 당시에 고3이니까 회사에서 난리가 나고 '벌써 어린 나이에 은퇴하느냐'라고 하며 말렸다고 합니다. 인천아시안게임에서 금메달을 따고 은퇴를 하려고 했는데 결국 23살에 은퇴했다고 합니다. 손연재 선수 왈 "운동선수들은 그만두면 엄청 공허하고 매일 하는 일상이 바뀌어서 그것을 견디기 어려워해요."라고 말했습니다. 본인은 5년간 계획이 있어서 후회 없이 은퇴를 할 수 있었다고 합니다.
여기서 저는 '공허하고'라는 말을 귀를 기울여 들었습니다. 앞 1~5장에서도 다뤘지만, 목표를 성취함에는 성취감과 공허함이 공존합니다.

 사람들의 이야기를 직접 많이 들으면 좋겠지만 시간, 공간적으로 한계가 있어 사람들이 이야기하고 듣는 프로그램을 좋아합니다. KBS JOY의 〈무엇이든 물어보살〉이란 프로그램이고 다른 하나는 〈유퀴즈 온 더 블록〉라는 프로그램입니다.
무엇이든 물어보살에 직업이 5개인 이○○ 46살이라는 사람이 출연한 적이 있었어요. 별명이 파이브잡스라는 이 사람은 현재 직업이 5

시야는 넓게 하기, 시선은 고정하기

개인데 10개의 직업을 가져도 되는지가 고민이었습니다. 가지고 있는 직업은 중견기업 총무인사팀 부장, 작곡가, 트로트 가수 〈한눈에 뿅〉이라는 노래로 행사도 다니고, 책 《600만 원의 기적》을 쓴 작가, 주말에는 농사를 짓는 농부라고 했습니다. 수익이 다 나는 것은 아니지만 다 하고 싶어서 하고 있고 하는 일이라고 했어요. 앞으로 성우, 라디오DJ, 방송MC, 성악가, 요리하는 요리사 5개를 추가하고 싶다고 했습니다. 저는 모든 사람이 이렇게 되라고 이야기하는 것은 아니지만 이렇게 하고 싶은 것을 하고 꿈꾸고 펼치라는 것입니다.

직장을 다녀도 은퇴를 해야 합니다. 직장인이 희망하는 은퇴 나이는 62.8세라고 해요. 경제적인 여유가 있으면 10명 중 7명은 경제적인 여유 있으면 바로 은퇴할 수 있다고 생각하고 파이어족 (경제적 자립을 통해 빠른 시기에 은퇴하려는 사람들을 뜻하는 말. 파이어(FIRE)란 '경제적 자립, 조기 퇴직'(Financial Independence, Retire Early)의 첫 글자를 따 만들어진 신조어: 두산백과)을 꿈꾼다고 합니다. 실제 우리나라 직장인은 50세 전후에 주된 직장에서 퇴직하고 하나금융그룹 100년 행복연구센터가 서울·수도권과 5대 광역시에 사는 50세 이상 남녀 1,000명을 조사했더니, 괜찮은 은퇴 생활을 위해선 월 400만 원 이상은 필요하다는 답변이 많았습니다. 그러나 퇴직자들이 생활비로 지출할 수 있는 돈은 한 달에 252만원 정도였습니다. 하지만 제가 생각하는 진정한 파이어족은 자신이 원하는 삶을 찾아내서 그 삶을 살기 위해 최선을 다하는 사람이라고 생각합니다. 경제적 저축과 자립이 은퇴 이후의 삶을 보장한다기보다는 내가 원하는 것이 무엇인지 알고 그것을 계속 발산하고 거기에서 수익이 발생하고 세상 어느 곳에서도 쓰임 받는 사람이 되는 것이 은퇴 이후의 삶도 보장할 것입니다.

꿈은 하나일 수 있지만, 꼭 하나일 필요는 없습니다. 제가 쓴 처음으로 쓴 책《마흔, 나는 다시 꿈을 꾸기로 했다》에도 썼지만 꿈이란, '실현하고 싶은 희망이나 이상'이란 뜻이 있습니다. 여러 개여도 됩니다. 꿈은 많아도 됩니다. 수많은 꿈 중에 장래 희망 하나가 포함된 것입니다. 그중 직업이 포함될 뿐입니다. 너의 꿈이 뭐니, 라고 물어볼 때 너무 많아 고민하는 아이들이 사람들이 많아지길 바랍니다. "장래 희망이 뭐니?"라고 물어보면 "1년 동안 세계 일주요", "책 1,000권 읽기요", 등 누가 들어도 황당한 답들이 막 나왔으면 좋겠어요. 그렇게 대답해도 이상한 시선으로 쳐다보는 사람들이 없어지는 사회가 되었으면 합니다. 직업은 생겨나기도 하고 없어지기도 합니다. 지금 엄청난 연봉을 받는 직업군도 10년 뒤 20년 뒤 어떻게 될지 모릅니다. 미래학자들이 생겨날 것이라고 유망할 것이라고 말하는 직업군은 무슨 일을 어떻게 하는지도 잘 몰라요. 직업에 나를 맞춰갈 수도 있고 그것을 위한 노력도 연습도 필요하지만, 그와 반대로 세상에 존재하는 직업이 나를 필요로 하고 나를 찾게 할 수도 있어요. 독자 여러분, 여러분의 미래와 훗날에 관한 생각과 시야를 좀 더 넓혀 보길 소망합니다.

시야는 넓게 하기, 시선은 고정하기

생각하기, 기록하기 그리고 적용하기

1. 내가 가장 원하는 직업을 갖는 때는 언제가 될까요?

----

2. 그 일은 언제까지 할 수 있을까요?

----

3. 2번의 이후로는 어떤 삶을 살고 싶으신가요?

2-3. 라떼는 말이지….

경험을 현명하게 사용한다면, 어떤 일도 시간 낭비는 아니다.
-오귀스트 르네 로댕-

「"어디에 갔다 왔느냐?"

"아무 데도 안 갔습니다."

"도대체 왜 학교에 안 가고 빈둥거리고 있느냐? 제발 철 좀 들어라. 왜 그렇게 버릇이 없느냐? 너의 선생님에게 존경심을 표하고 항상 인사를 드려라. 왜 수업이 끝나면 집으로 오지 않고 밖을 배회하느냐? 수업이 끝나면 집으로 오거라. 내가 다른 아이들처럼 땔감을 잘라 오게 하였느냐? 내가 다른 아이들처럼 쟁기질하게 하고 나를 부양하라고 하였느냐? 도대체 왜 글공부를 하지 않는 것이냐? 자식이 아비의 직업을 물려받는 것은 엔릴 신께서 인간에게 내려주신 운명이다. 글을 열심히 배워야 서기관의 직업을 물려받을 수 있다. 모름지기 모든

시야는 넓게 하기, 시선은 고정하기

기예(技藝:갈고 닦은 기술이나 재주, 또는 솜씨) 중 최고의 기예는 글을 아는 것이다. 글을 알아야만 지식을 받고 지식을 전해 줄 수 있는 것이다. 너의 형을 본받고 너의 동생을 본받아라."」

 이 글을 읽고 어떤 생각과 마음이 들었습니까? 여러분과 비슷한 부분이 있습니까? 요즘 아이들을 두고 말하는 거 같나요? 놀랍게도 글은 기원전 1700년 무렵으로 추정되는 수메르 점토판에 있는 글입니다. 1700년이라고 해도 놀랄 텐데 기원전에 쓰인 글인데 요즘과 접목되는 상황이라는 게 참 놀랍습니다. 다음 글은 어떨까요?

「요즘 대학생들 정말 한숨만 나온다. 요즘 대학생들은 선생들 위에 서고 싶어 하고, 선생들의 가르침에 논리가 아닌 그릇된 생각들로 도전한다. 그들은 강의에는 출석하지만 무언가를 배우고자 하는 의지가 없다…그들은 무시해도 되는 문제에 더 관심을 가진다. 사랑이니 미신이니 하는 것들 말이다. 그들은 그릇된 논리로 자기들 판단에만 의지하려 들며, 자신들이 무지한 영역에 그 잣대를 들이댄다. 그렇게 해서 그들은 오류의 화신이 된다. 그들은 멍청한 자존심 때문에 자기들이 모르는 것에 대해 질문하는 것을 창피해한다.
그들은 주일에는 성당에 가서 미사를 드리는 대신, 친구들과 마을을 쏘다니거나 집에 틀어박혀 빈둥거리며 기껏 펜을 든다는 게 연애편지나 끄적인다. 만약 성당에 가게 되면, 하느님에 대한 신앙심으로 가는 게 아니라 여자애들을 꼬시러, 또는 잡담이나 나누려 간다. 그들은 부모님이나 교단으로부터 받은 학자금을 술집과 파티와 놀이에

흥청망청 써버리며, 그렇게 결국 집에 지식도, 도덕도, 돈도 없이 돌아간다.」

이것은 BC1311년 여름에, 볼료냐 대학을 다녔고 스페인 프란체스코회 사제였던 알바루스 펠라기우스가 한 말입니다. 그가 이 글을 쓸 때 대학생을 지낸 지 10년이 지난 시점이었기 때문에 당시 사회 대학생들의 생활과 행태들을 잘 알고 있었을 것입니다. 이 글 또한 요즘과 별 차이점이 없는 것 같네요.

무엇인가를 더 배우고 무엇인가를 더 경험했으며 무엇인가를 더 안다는 것은 그만큼 누군가에게 전달하거나 알려주고 싶은 마음과 충동이 생기는 것은 인간의 본능인 것 같습니다. 아이를 키워보니 24개월 전후로 두세 단어를 묶어서 조금만 말을 하게 된 시점이 되니 벌써 그보다 더 어린 아기들에게 "그러면 안 돼!", "그만해!", "이건 이렇게 하는 거야." 등 이같이 말하며 알려주려고 하고 가르치려고 하더라고요.

누군가를 가르치거나 알려주려고 할 때는 배우는 사람에게 조심해야 하고 접근을 지혜롭게 해야 한다는 것입니다. 잔소리나 훈계, 도움이 안 되는 충고 등이 되지 않게 전달되어야 합니다. 반면에 가르침을 받거나 훈계를 듣는 사람들은 그 어른들이 그렇게 한다는 것을 아주 자연스럽고 당연한 것으로 받아들여야 한다는 것입니다. 가르치려는 사람의 내용이 전부 구닥다리이거나 도움이 안 되는 관습 등이 아닐 수도 있습니다. 정말 중요하고 방향과 지침이 되는 내용일 수가 있습니다.

 상담과 코칭은 다릅니다. 내가 상담자로서 접근하거나 다가갈 때는 공감이 우선이고 먼저이지 해결책과 답이 먼저가 아닙니다. 코치로서 다가갈 때도 이를 잘 구분해야 합니다. 한국야구 경기와 메이저리그 경기를 자세히 보면 서로 좀 다른데요. 우리나라 같은 경우에는 투수코치가 이야기를 많이 하고 투수는 대답을 많이 합니다. 한국과 미국의 야구 스타일과 문화적 차이가 큽니다. 야구 경기를 보면 공을 던지는 투수가 제구력이 흔들리거나 점수를 줄 위기 상황에 놓이면 포수와 투수코치가 마운드에 올라갑니다. 이 경우 한국에서는 코치가 이야기를 하고 선수는 단답형으로 대답을 하는 경우가 대부분입니다. "어깨를 이렇게 하고 던져야지. 힘들어?", "아닙니다.", "더 던질 수 있지?", "네" 하지만 미국의 경우는 다르다고 합니다. 코치는 투수의 문제점이 무엇인지 스스로 대답하게 합니다. "지금 가장 안 되는 게 어떤 거야?", "지금 가장 주력할 수 있는 구종은 뭔데?", "지금 이 상황에서 네가 가장 잘 할 수 있는 것은 어떤 거지?", "너의 계획은 뭔데?" 등. 선수가 스스로의 생각과 컨디션을 구체적으로 이야기하고 코치는 거기에서 몇 가지만 짚어주는 형태입니다. 실제 미국의 경우는 모든 선수가 라커룸에서 의견을 자유롭게 말하고 의사 표현을 하는 교육도 받는다고 합니다. 생각하는 야구를 하고 그것이 문화로 정착되어 결국 팀도 더불어 강해진다고 합니다.

진로를 개척해가는 어른이든, 청소년이든, 어린이든지 가지고 있는 잠재력과 가능성을 밖으로 끄집어내도록 돕는 것이 가장 좋은 방법입니다. 문제점을 자신이 찾도록 단서를 제시하고 장점을 극대화하도록 하는 것이 가장 중요합니다. 정말 막막하고 답답해하는 사람에게 힌트를 주고 지도를 쥐여주는 것이 도움이 될 것입니다.

극단적으로 말해서 조지 버나드 쇼는 "할 수 있는 자는 행한다. 할 수 없는 자는 가르친다."라고 말했습니다. 생텍쥐페리는 "당신이 배를 만들고 싶다면, 사람들에게 목재를 가져오게 하고 일을 지시하고 일감을 나눠주는 일을 하지 말라. 대신 그들에게 저 넓고 끝없는 바다에 대한 동경심을 키워줘라."라고 했습니다.

배우려는 사람의 자세는 현명한 사람 찾기, 나의 가능성을 끄집어내줄 사람 찾기, 나에 대해 섣불리 훈계하는 사람이라도 자연스러운 것으로 받아들이기 등이 있겠습니다.

가르치려는 사람의 자세는 먼저 상대방의 이야기를 듣기, 충분히 공감하고 이해하기, 나도 그런 적이 있었는데 보다 너의 그런 부분에 대해 상대방 처지에서 깊이 생각하기, 가능성을 끄집어낼 방법 찾기 등이 있겠습니다. 여러분이 배울 때나 가르칠 때나 현명하고 지혜로운 사람이 되고 그러한 마음과 자세도 갖추시길 바랍니다.

시야는 넓게 하기, 시선은 고정하기

생각하기, 기록하기 그리고 적용하기

1. 내가 가장 많이 듣는 잔소리는 무엇인가요?

----

2. 살면서 가장 기억에 남는 충고나 조언은 무엇이었나요?
   (선생님, 책, 미디어 등)

2-4. 있어 보이는 직업,
괜찮아 보이는 직장이 좋은 것일까요?

갈림길에서 더 나은 길은 항상 내가 선택한 길입니다.

-이영표-

어른들도 궁금해하고 아이들도 궁금해하는 궁금증. "과연 어떤 직업이 돈을 많이 벌까?"라는 궁금증입니다. 여기에선 상위 1위부터 10위까지 하위 1위에서 5위까지만 알아보겠습니다.

「연봉을 기준으로 상위 1위는 기업 고위 임원입니다. 연봉이 1억 5,367만 원입니다. 2위는 국회의원으로 1억4,052만 원이고 3위는 외과 의사로 1억2,308만 원입니다. 4위는 항공기 조종사로 1억 1,920만 원이고 5위는 피부과 의사입니다. 연봉은 1억1,317만 원입니다. 하위직업으로는 육아도우미가 1,373만 원, 연극배우가 1,340만 원, 소설가가 1,283만 원, 시인이 1,209만 원 자연문화해설사가

1,078만 원입니다. 해당 뉴스는 한국고용정보원에서 자료를 제공했습니다.」

-김지연 〈연소득 상하 5순위〉 연합뉴스, 2020. 4. 19-

　다른 자료에는 도선사(배를 안전한 수로로 안내하는 일)의 연봉이 1위라고도 나오고 변리사가 소득이 가장 높은 전문직이라고도 나옵니다. 하위직업으로는 수녀도 있고, 시인도 있으며 전도사도 있습니다. 그런데 연봉만 가지고 직업을 정할 수 있습니까? 연봉이 높다고 해서 정말 좋은 직업일까요? 그렇진 않습니다. 병원에 환자가 오지 않는다면 그 의사는 돈을 많이 벌 수 있을까요? 소설가는 1,283만 원이라고 했는데 해리포터 시리즈로 유명한 조앤 롤링의 재산은 5억 6,000만 파운드로 약 1조2,110원이라고 합니다. 직업에 따라 연봉의 차이가 있을 순 있지만, 반드시 절대적인 것이 아니죠.

　미용사는 어떨까요? 박승철이란 사람을 알아봅시다. 우리 주변에는 미용실이 많이 있습니다. 그런데 박승철 헤어스튜디오라는 미용실을 본 적이 있어요. '어? 박승철이란 사람은 한 명일 텐데 어떻게 미용실은 여러 개일까?', '박승철이란 미용사가 머리를 깎아주는 건 아닐 텐데?'라는 생각부터 궁금증이 시작되었어요.

「박승철 헤어 스튜디오㈜TiTi는 1981년 명동 1호점을 시작으로 시작해 현재 국내 192개, 중국·미국·영국 7곳의 매장에 3,000여 명의 직원이 근무하는 국내 최대 프랜차이즈 미용실로 성장했다. 박 대표는

'원장님' 개인의 역량과 실력에만 의존하던 미용실을 프랜차이즈 사업으로 키웠다. 올해부터는 영남이공대학에 자신의 이름을 딴 '박승철 헤어과'를 개설해 미용 전문가를 양성할 예정이다. 이 회사는 가맹점에서 받는 프랜차이즈 로열티와 20여 개 직영점 매출을 합쳐 지난해 120억 원의 매출액을 올렸다. 박 대표는 미용업계 최초로 2~3년 안에 코스닥에 등록할 계획을 하고 있다. 79년 명동의 남희미용실에 취직해 월급 2만 원을 받는 '보조' 생활을 시작했다. 박 대표는 81년 '박승철 헤어 스튜디오' 간판을 내걸었다. 자신의 이름을 건 미용실을 100개 만들겠다는 목표를 세웠다. 주변에서는 '미용실을 브랜드화하겠다'라는 박 대표의 생각을 비웃었다. 그러나 83년 인천 신포동에 2호 매장을 열었다. 2002년에는 100호점(부천 상동점)을 돌파했다.

박 대표는 다리가 불편해 오래 서 있기 힘들었지만 "한 발짝 떨어져 바라보니 뭐가 중요한지 눈에 들어왔다"라며 "미용실에서 가장 중요한 것이 사람이고, 직원을 우선 만족시켜야 손님에게 좋은 서비스를 할 수 있다는 것을 깨달았어요"라고 말했다. 그래서 박승철 헤어 스튜디오는 한국 미용업계 최초로 미용사들에게 '디자이너' 명칭을 쓰도록 했다. 또 주5 일제를 실시하고 기술교육 프로그램을 25단계로 세분화해 진행한다. 인성교육을 전체 교육프로그램의 30%로 강화했다.

그의 다음 목표는 가발 사업과 해외 진출이다. "지금 한국 미용사 수준이면 외국에서도 충분히 성공할 수 있어요. 특히 중국은 미용사들에게 기회의 땅이죠. 경쟁이 치열한 한국에서 힘 빼지 말고 밖에 나가서 한 번 부딪쳐 볼 겁니다."」

-임현욱 〈월급 2만 원 '보조'서 이젠 가맹점 192개 '벤처 사장님'〉
중앙선데이, 2011. 1. 23-

　미용을 좋아하고 미용을 브랜드화하여 좋은 서비스로 고객의 욕구를
충족시키고자 하는 가치를 실현하게 되어서 연봉 직업 순위 예외 인
물이 되었습니다.

　우리가 잘 아는 강형욱이라는 기업인이자 반려견 훈련사도 마찬가지
입니다. 반려견 훈련사가 연봉이 높습니까? 아닙니다. 하지만 강형욱
이란 사람은 돈을 많이 벌어요. 광고도 많이 찍어서 수입을 올렸고
TV 출연, 유튜브 회원도 100만 명이 넘습니다. 강아지 훈련 수강료
가 3백만 원이 넘어요. 강형욱이 개 훈련을 하는데 잘하고 또 능력이
뛰어나며 개를 사랑하도록 하는 방법을 알려주기 때문입니다. 공식적
으로 알 수는 없지만 분명한 사실은 개 훈련에 대해서 강형욱은 굉장
히 잘하고 또 능력이 좋으며 개를 싫어하지 않는다는 것이죠.

　군인을 한번 살펴볼까요? 체력도 약하고 사격을 하면 과녁도 못 맞
히며 지도도 못 보는 사람은 직업군인을 하면 안 됩니다. 군인은 체
력이 좋아야 하고 싸워서 이길 수 있는 전투력을 갖고 있으며 전술을
짜고 이해할 수 있어야 합니다. 국가관이 투철한 사람이 해야 합니
다. 저는 장교로 군복무를 했는데요, '장교의 책무'라는 것이 있습니
다.
"장교는 군대의 기간이다. 그러므로 장교는 그 책임의 중대함을 자각

하여 직무수행에 필요한 전문지식과 기술을 습득하고, 건전한 인격의 도야와 심신의 수련에 힘쓸 것이며, 처사를 공명정대히 하고 법규를 준수하며, 솔선수범하여 부하로부터 존경과 신뢰를 받아 역경에 처하여서도 올바른 판단과 조치를 할 수 있는 통찰력과 권위를 갖추어야 한다."

이것을 갖추고 갖추어 가는 사람이 장기간 장교로 복무해야 하고 이런 사람이 훗날 장군도 될 수 있다고 생각합니다. 그러면 그에 걸맞은 명예와 권력, 그 외의 혜택과 복지, 급여 등은 자연스럽게 따라오는 것이죠.

아주 간단하게 문제를 보겠습니다. ○, ×를 해보세요.

1) 연봉이 높은 직업을 골라서 훗날 나는 연봉이 높은 직업을 가진 사람이 되었다.

2) 나는 나의 관심이 있고 원하는 분야에서 최고가 되니 연봉이 많아졌다.

우리가 선택해야 하고 우리가 추천해야 하는 번호는 몇 번일까요? 2번이죠. 저는 2번이 되고 2번을 선택하는 사람이 많아져야 한다고 생각합니다. '꼭 연봉이 많아져야만 좋은 것'이 아니라 '내가 원하고 좋아하는 일을 하니 연봉이 많아졌다'가 맞는 말이 되고 이 명제가 바르게 성립되는 사회를 꿈꿔봅니다.

시야는 넓게 하기, 시선은 고정하기

1. 내가 생각하는 가장 연봉이 높을 것 같은 직업과 그 이유는?

----

2. 내가 생각하는 가장 연봉이 적을 것 같은 직업과 그 이유는?

어렸을 때 1990년 즈음 〈백 투 더 퓨처〉라는 SF영화를 아주 재밌게 본 기억이 있습니다. 지금 봐도 그 영화는 재미가 있고 시리즈로 3편까지 제작될 정도로 매우 유명한 영화입니다. 당시 미래의 배경이 2015년인데 실제 2015년대와 비교해 보는 뉴스를 본 적이 있습니다. 영화에서 그린 미래는 영화를 3D로 보고, 벽걸이형 대형 텔레비전을 시청합니다. 상대방과 화상으로 통화를 하고 지문인식, 얼굴인식으로 문이 열리고 닫힙니다. 길을 이동하며 컴퓨터를 이용해서 이메일을 보내고 영상을 시청합니다. 그리고 아직 상용화되진 않았지만, 주인공이 타고 다니는 공중에 떠서 다니는 호버보드는 렉서스라는 회사에서 개발에 성공했습니다. 그래서 요즘 아이들이 이 영화를

시야는 넓게 하기, 시선은 고정하기

보면 미래를 다룬 영화가 아니라 현시대를 배경으로 한 영화라고 느껴질지도 모르겠습니다. 당시 영화를 보던 사람들에게는 황당하기도 하고 신기하게 연출된 장면들이 현재 대부분 현실로 이루어졌다는 것이 참 흥미롭습니다. 이런 결과물들은 현실에서 '가능하다', '된다'라고 마음먹은 사람들이 수많은 시도와 노력을 통해 이뤄낸 것입니다. '안 된다'라고 '어렵다'라고 마음먹고 시도하지 않은 사람들은 이뤄내지 못하고 다른 사람의 성공담에 불과하겠죠.

마이크로소프트사의 대표였던 빌 게이츠도 1981년에 "메모리 640KB 정도면 모든 사람에게 충분하고도 넘치는 용량이다."라고 말했다고 합니다. 그런데 요즘은 어떻습니까? 비트는 가장 컴퓨터 용량의 작은 단위입니다. 그다음이 바이트이고 킬로바이트, 메가바이트, 기가바이트, 테라바이트 순입니다. 1MB가 1,024킬로바이트입니다. 현재는 손가락보다 작은 USB에 2017년 킹스턴이란 회사에서 2테라바이트까지 저장할 수 있는 것을 개발하였습니다. 동영상은 고화질로 130시간, 사진은 256,000장을 저장할 수 있는 용량입니다. 컴퓨터 황제의 이 얼토당토않은 발언에 놀랄 수도 있겠지만 사실 동서고금을 막론하고 미래에 대한 빗나간 예견은 무수히 많았습니다.

6.25 한국전쟁 당시 인천상륙작전을 통해 전쟁의 양상을 바꾸어 놓았고 제1차, 제2차 세계대전의 지휘관이었던 더글러스 맥아더 장군은 한국이 전쟁으로 폐허가 되었을 때 서울을 보며 "이걸 복구하는데 최소 100년은 걸릴 것이다."라고 말했다고 합니다. 휴전된 것이 1953

년인데 100년 후면 2053년입니다. 그런데 현재 대한민국은 어떤가요?

대한민국 정책브리핑 2020년 10월 27일자 '세계에서 대한민국이 1등 하는 것?'을 보면 2019년 OECD 회원국 중 디지털정부 평가 종합1위, 공공데이터 개방지수 1위, 온라인 참여지수 1위, 전자정부 발전지수 1위, 디지털전환국가 1위입니다. 조선일보 〈르포 대한민국〉 2021년 8월 30일에 실린 기사에는 GDP는 세계 10위 수준이고 세계 수출 시장 점유율 1위인 품목도 69개나 됩니다. 영화와 게임 산업은 세계 5위이고 음악 산업은 6위 수준으로 나옵니다.

대한민국 가요계에 큰 획을 그은 서태지와 아이들은 1992년 TV 프로그램에서 100점 만점에 78점을 받았고 당시 모든 심사위원에게 혹평을 들었습니다.

1912년 E.J 스미스 선장이 타이타닉호의 출항을 앞두고 "타이타닉은 얼마나 튼튼한지 하느님조차 이 배를 침몰시킬 수 없을 것이다."라고 했는데 침몰했습니다. 그와 관련된 영화 타이타닉은 미국의 비평가들이 1997년 12월 개봉을 미 시사회장을 나오면서 '엄청난 제작비와 특수효과만 가득한 만화', '제임스 카메룬의 첫 실패영화', '비극을 사랑으로 미화시킨 오만', '이야기의 본질은 없고 겉으로만 맴돈다.'라고 평가했지만, 전 세계를 상대로 10억 달러 (약 1조 원)를 벌어들였고 미5대 비평가상을 받았습니다.

시야는 넓게 하기, 시선은 고정하기

「1963년 미 과학처 관계자가 마우스 발명가인 `더글러스 엔젤바트`의 마우스 개념을 듣고 "무슨 소리야? 누가 그따위 기계를 쓰겠는가? 여기에 투자하는 건 미친 짓이야."라고 했습니다. 하지만 전 세계 네티즌이 지금, 이 순간도 마우스로 인터넷을 뒤지고 있습니다.

1943년 IBM의 회장이었던 토마스 왓슨은 세계에 필요한 컴퓨터는 5대 정도라고 했는데 전 세계 컴퓨터 판매량은 연간 4억 대 가량 됩니다. 텔레비전은 시장에서 살아남기 어렵다. 왜냐하면 사람들은 매일 밤 이 상자를 쳐다보는데 싫증이 날 것이라고 20세기 폭스 공동 설립자인 대릴 자눅은 예측했습니다. 하지만 지금은 집마다 텔레비전이 있습니다.

스티브 발머 마이크로소프트(MS) 최고경영자(CEO)가 아이폰이 처음 세상에 공개된 직후 "휴대폰이 500달러라고? 세상에서 제일 비싼 휴대폰이라고 감히 말할 수 있겠다. 아이폰은 키보드가 없는 데다 이메일을 확인하기에도 적합지 않아 직장인들에게는 외면을 받을 것"이라고 했는데 이 예측도 틀렸습니다. 앞서 밝혔지만 우리나라는 스마트폰 보급률이 95%나 됩니다.」

-정현정 〈IT 거물들의 어리석은 발언 톱 10〉
ZDNetKorea, 2013. 4. 22-

　스포츠계에서도 많습니다. "사람은 자신의 몸무게 3배 이상을 들어올릴 수 없다."라는 통념이 있었어요. 역도계 100년 역사를 돌아봐도 사례가 없었기 때문이죠. 하지만 1988년 서울올림픽 때 나임 슐레이마놀루라는 선수는 키가 147cm였습니다. 당시 몸무게가 59.7kg였어요. 3배를 하면 179.1kg을 초과할 수 없었지만 무려 10.9kg보다 더 무거운 190kg을 들어 올립니다. 3.18배를 든 것입니다. 이후로는 북한의 엄윤철 선수도 자신의 몸무게 3배 이상을 들어 올렸습니다.

불가능을 예측한 사람은 가능함을 만들어 낼 수 없습니다. 불가능하다고 말하는 사람을 가능함을 이뤄낼 수 없습니다. 불가능을 생각하는 사람은 가능의 결과물을 창출해 낼 수 없습니다. 전문가들의 평가가 절대적인 것도 아닙니다. 단지 참고만 하세요. 내가 도달해야 할 비전에 도움이 된다면 활용을 하면 그만입니다. 부정적인 영향을 준다면 내 생각과 마음에 담아두지 말고 흘려보내세요. 정치, 경제, 사회, 문화, 국방, 예술, 스포츠 그 어떤 분야에서도 내가 꿈꾸는 앞날에 대해 너무 걱정하거나 조바심을 갖지 않길 바랍니다. 불가능하다고 마음먹으면 그것은 결코 가능해질 수 없습니다. 안 된다고 생각하며 시작한 일은 되는 성과를 낼 수가 없습니다. 미국의 대통령이었던 존 F. 케네디는 "우리는 한 번도 존재하지 않았던 것을 꿈꿀 수 있는 사람들이 필요하다."라고 했습니다. 이 글을 읽는 지금, 여러분은 이 문장에서 "사람들" 대신에 "자신의 이름"을 넣어 읽어 보세요.

시야는 넓게 하기, 시선은 고정하기

생각하기, 기록하기 그리고 적용하기

1. 내가 아는 "불가능했는데 가능하게 된 사례"는 무엇인가요?

----

2. "불가능"을 "가능"으로 바꾸는 데 가장 필요한 것은 무엇일까요?

----

3. 위 2번의 이유는 무엇인가요?

2-6. 가능성을 말한 사람, 말한 대로 이룬 사람들

세상의 중요한 업적 중 대부분은 희망이 보이지 않은 상황에서도
끊임없이 도전한 사람들이 이룬 것이다.
- 데일 카네기-

우리는 삶을 살아가면서 갈림길에 서는 경우가 많습니다. 아주 사소한 것부터, 중요한 것까지. 자장면을 먹을까? 짬뽕을 먹을까? 탕수육에 소스를 부어 먹을까? 찍어 먹을까? 같은 먹는 것부터 해서 놀고나서 숙제할까? 숙제하고 나서 놀까? 조금만 더 잘까? 일어날까? 이옷을 입을까? 저 옷을 입을까? 같은 사소한 것부터 해서 무수한 선택과 결정을 합니다.

특히 내가 하고 싶고, 좋아하는 일을 하는 데는 "된다"라는 선택을하는 것이 좋습니다. 내가 앞으로 나아가는 방향과 날들을 채워나갈데에는 "부정(否定)"이란 단어는 생략하는 것이 도움이 많이 됩니다. 역사적으로 볼 때 약자가 강자를 이긴 사례는 무수히 많습니다. 이순신 장군은 정말 불리한 조건에서 일본과의 해전을 승리로 이끌었습니

다. "명량해전"이란 영화를 봐도 알 수 있죠. 13척 VS 300척 대결에서 이긴 것이죠. 물론, 무턱대고 희망을 이야기하라는 것은 아닙니다. "희망 고문"이란 말도 있죠. "어떻게 해도 절망적인 결과만이 기다리는 극적인 상황에서 주어진 작은 희망으로 인해 오히려 더 괴롭게 되는 상황을 일컫는 단어."입니다. 그렇다고 인생에서 "절망"을 선택하시겠습니까?

재벌이란 말을 아세요? 신기하게도 이 말은 영어로도 "Chaebol"이라고 씁니다. 한국어에서 받아들인 영어의 외래어입니다. 저에게 있어 재벌을 알게 해준 시작점의 인물은 정주영 현대그룹 명예회장입니다. 요즘 아이들은 잘 모르겠지만요. 지금의 재계 1위는 삼성이지만 제가 어렸을 때는 현대가 1위였습니다. 초등학교만 졸업하고 한국 기업 1위의 회장까지 한, "해 봤어?"라는 질문을 항상 하며 "시련은 있지만, 실패는 없다."라고 한 인물입니다.

「1979년 서산 간척지 사업을 할 때였다. 간척지 사업은 방조제를 쌓아 바닷물을 가두고 그 물을 빼서 육지로 만든다. 먼저 해야 할 일은 방조제를 만들어 물을 막는 것, 이를 '물막이 공사'라고 한다. 그런데 착공 5년째 되던 1984년에 한 최종 물막이 공사는 가장 어려운 공사였다. 방조제의 길이는 6,400여 미터였는데, 그중 마지막 남은 270m를 쌓을 수가 없었다. 초속 8m의 무서운 급류가 흘렀기 때문이다. 한강이 여름 홍수 때 초속 6m로 흐르니 그 세기가 얼마나 빠른지를 비교해 볼 수 있을 것이다. 자동차만 한 바위를 넣어도, 30t 덤프트

럭들이 끊임없이 돌을 날라도, 거센 물살은 이 모든 걸 한 번에 휩쓸어가 버렸다.

"최신 장비들을 다 써도 소용이 없습니다."

"학계에도 문의해보고 해외 건설사에 컨설팅 의뢰도 해봤는데 모두 속수무책입니다."

정주영 회장은 "그럼, 이건 어떨까?" 회장의 아이디어는 '천수만호'였다. 천수만호는 원래 유조선으로 사용하던 23만 톤급 스웨덴 배였다. 현대가 해체해서 고철로 팔기 위해 30억 원을 주고 사들여 울산에 정박시켜두고 있었다.

"천수만호로 막아두고 메우면 어떨까?"

"회장님, 그게 가능한지는 아직 검증된 바가 없습니다."

"이론도 중요하지만, 학교에서 배운 이론만 따라 하면 세상 공사를 다 할 수 있겠나? 즉시 현대정공, 현대상선, 현대중공업 기술진에 모두 연락해. 유조선을 가라앉힐 수 있는 방법을 찾아보라고."

건축학 어디에도 없는 '유조선 공법'이 성공할지 실패할지 세간의 이목이 쏠린 가운데 천수만호가 서산에 도착했다. 수많은 취재진 앞에서 유조선 가라앉히기가 시작됐다. 결과는 대성공이었다. 그렇게 애를 먹이던 물막이 공사가 이틀 만에 끝이 났다. 이 유조선 공법으로 공사비를 290억 원 절감했다. 황당해 보이던 유조선 공법은 '정주영 공법'이라고도 불리며 뉴스위크와 타임지에 소개됐다. 서산 간척지는 1988년에 드디어 대규모 기계화 영농단지로 탈바꿈했다.」

　　-우은식, 〈정주영 이야기⑪ 세계가 감탄한 서산 간척지 '정주영 공법'〉

　　　　　　　　　　　　　　　　　　　　　　뉴시스, 2013. 5. 25-

시야는 넓게 하기, 시선은 고정하기

그의 여러 가지 부정적인 면모도 있고 말들도 있지만 "된다"라는 가능성을 가지고 행동으로 옮기는 것만큼은 충분히 배우고도 남습니다. 현대중공업 사이트에 가면 정주영 회장의 어록과 일화가 많은데 한번쯤 들어가서 읽어보는 것도 좋겠습니다.

운동경기에서도 찾아볼 수 있습니다. 1968년 멕시코 올림픽에서 미국의 짐 하인스라는 선수는 처음으로 100m 달리기 10초의 장벽을 깼습니다.

「1968년 멕시코 올림픽에서 미국의 짐 하인스라는 선수가 9초95의 기록을 세웠습니다. (지금이야 그보다 훨씬 기록이 단축되었지만) 그는 기록을 깬 후 혼자서 무어라고 중얼거렸는데 당시 무슨 말을 했는지 기자의 질문에 이렇게 답했습니다. "의학계에서는 인간의 근섬유가 견딜 수 있는 한계점이 초당 10m를 넘을 수 없다고 단언했습니다. 20년 동안 육상계에서는 이 말이 전설처럼 내려왔어요. 하지만 저는 도전해보고 싶었고 매일 연습으로 5㎞를 전력 질주했지요. 저는 9초95의 기록을 확인하는 순간 저는 말했습니다. '아, 10초는 벽이 아니라 문이었어'라고」

-쑤린 《어떻게 인생을 살 것인가》 다연 p.80, 2015-

짐 하인스도 '된다'라고 생각했기 때문에 그대로 이루어 냈습니다.

제가 생각한 진로에 관해서 올바른 선택의 방법을 다음과 같습니다. 첫째, 내 비전과 꿈에 더 관련된 방향의 선택을 합니다.

조금이라도 이득이 되고 도움이 되는 것이 있다면 그 방향으로 선택합니다. 당장은 손해를 보는 것 같아도 장기적으로 내가 진출하고 하는 분야에 도움이 될 것이라면 거기를 선택하는 것이 좋습니다. 저는 좀 더 제 강의력이 향상되고 사람들에게 강의 요청을 받고자《꼴찌도 할 수 있고 1등도 해야 하는 공부법》라는 책을 썼습니다. 그로 인해 온라인으로 강의를 해달라는 요청을 대전에서도 받게 되었습니다. 당장에 책을 쓰지 않았어도 지금 당장 강의를 하는데는 큰 문제가 없습니다. 하지만 책을 쓰고자 선택했고 시간을 쪼개서 썼습니다. 그 선택이 제가 강의할 수 있는 장(長)이 확산되는데 큰 도움을 주었습니다.

둘째, 선택했다면 결과가 나올 때까지 목표를 향해 매진합니다. 뒤를 돌아본들 결정이 바뀌지 않습니다. 축구에서든, 농구에서는 슛해서 들어가면 골인이고 안 들어갔으면 다시 수비하거나 리바운드에 참여합니다. 그리고 다시 슛 기회를 잡는 것이 방법이에요. 안 들어갔다고 자책하고 거기에 계속 신경을 쓰고 있다면 제대로 된 플레이를 할 수 없습니다.

셋째, 결과에 대해서는 피드백을 하는 것입니다. 그래서 다음엔 더 나은 선택의 재료로 삼는다. 잘되면 잘된 이유와 근거를 더 살을 붙여 튼튼하게 하고 잘되지 않았다면 되지 않은 이유를 찾아 그것을 안 하거나 피할 수 있도록 해야 합니다. 같은 실수를 반복하지 않도록 하고 잘한 방법은 더 잘되도록 하면 비슷한 상황에 부닥쳤을 때보다 확실하고 빠르게 결정할 수 있습니다. 거창하고 뭔가 잘하려는 피드백보다는 하루 중 가장 여유로울 때, 주중과 주말 중 주말에 머릿속으로 찬찬히 생각해 보고 되짚어 보면서 머리도 식히고 몸도 충전합니다. 그리고 기록으로 남겨요. 안 그러면 잊어버리니까요. 그렇게 시작하면 점점 피드백이 구체적으로 되고 내용이 깊어질 것입니다.

1. 내가 알고 있는 가장 믿기 힘든 업적과 사건은 무엇인가요?

----

2. 지금은 불가능하지만 가능하게 되었으면 하는 일은 무엇인가요?

시야는 넓게 하기

시선은 고정하기

3장

할 수 있다고 맘먹으면
多 할 수 있는 방법

3-1. 만약 뷔페에 간다면?

배움은 우연히 얻어지는 것이 아니라 열성을 다해
갈구하고 부지런히 집중해야 얻을 수 있는 것이다.
-애비게일 애덤스-

 뷔페에 가 보신 적 있나요? 여러 가지 음식들이 있어 전부 다 먹어
볼 수 있고 스스로 선택해서 덜어 먹도록 한 식당입니다. 보통 결혼
식이나 돌잔치 등에 초대되어서 가게 되면 접할 수가 있습니다. 가면
모든 종류의 음식이 다 있습니다. 한식, 중식, 일식, 양식, 분식, 각종
디저트까지 있습니다. 정보에 의하면 뷔페를 많이 먹는 방법과 순서
도 있다고 하더군요. 여기서 많이 먹는 방법에 관해서 이야기할 것은
아니고 우선 식당에 가면 그 수많은 음식 중에 자신이 선호하는 음식
도 있고 처음 보는 음식들도 있을 것입니다. 그러면 조금씩 조금씩
덜어다가 한 번씩은 맛을 봐야 합니다. 그래야 어떤 음식이 맛있는지
새롭게 알 수 있게 될 테니까요. 그렇게 맛있는 음식을 새로 알게 된

다면 그것을 그다음에 더 담아서 먹게 됩니다. 또 뷔페에 갈 일이 있으면 그 음식이 있는지도 찾아보게 되고요. 그러면서 점점 자신이 선호하는 음식이 정해지고 동시에 또 다양해집니다. 접시를 들고 다닐 수 있을 정도가 되니 아이가 먹고 싶은 것을 담습니다. 생전 처음 보는 음식도 담아봅니다. '에이, 그건 맛이 없는 거야. 안 비싼 거야.'라고 제한시키며 말하기 전에 스스로 먹어보고 판단하게 하는 것이 중요하다고 생각합니다. 또 너무 편식하는 아이들에게는 조금씩 다른 음식들을 추천하는 것도 필요합니다. 저는 개인적으로 양식이 1순위이고 일식이 뒷순위였는데 이제는 일식도 담아서 먹습니다. 일식도 초밥 중에 맛있는 것이 있고 회중에 맛있는 생선이 있더라고요. '에이 생선은 맛이 없어!'라고 안 먹어봤으면 저는 초밥의 맛과 회의 맛을 모르고 살았을 것입니다. 하지만 이제는 먹지요. 왜냐하면, 먹어봤으니까요

비슷한 예로, 제가 학습법 중 예습에 대해서 다룬 이야기지만 여기에도 적용되어 적어봅니다. 31가지 아이스크림을 파는 가게가 있습니다. 새로운 맛의 아이스크림이 신제품으로 종종 나와요. 하지만 이것이 얼마나 맛있는지, 내 입맛에 맞는지 알 수가 없습니다. 그러면 가게에서 일하는 점원에게 부탁해요. "이거 맛 좀 보게 해주세요."라고 부탁하면 새끼손톱만 한 수저로 그 아이스크림을 떠 줍니다. 그러면 맛을 보게 되죠. 맛을 보고 내가 선호하는 맛이면 구매를 하게 되는 것이고 다음에 또 그 31가지 아이스크림을 가게에 먹으러 가면 그 아이스크림이 있는지 찾게 되고 고를 수 있게 되는 것이죠. 딸기가

들어간 아이스크림을 좋아한다고 해서 3가지, 7가지, 12가지 딸기가 들어간 아이스크림만 고르지 않죠. 딸기가 들어간 아이스크림을 고르긴 하지만 그것만 사서 먹는 것이 아니고 그것을 위주로 다양하게 고르게 되죠.

다양하게 많이 해볼 수 있어야 하고 해보게 해야 합니다. 처음부터 물론 잘할 수 없죠. 하지만 더 해볼 마음이 생기게 될 순 있습니다. 어디에서 어디로 공간을 이동한다면 그동안엔 승용차만 타봤다면 버스도 타봐야 하고 지하철도 타봐야 하고 택시도 타봐야 하고 걸어서 가기도 하고 자전거를 타기도 해야 합니다. 기차를 타기도 하고 비행기도, 배도 타봐야죠. 그래야 어떤 교통편이 편하고 왜 가격이 그만큼 하는지, 서비스는 어떤지, 어떤 사람들이 타는지 관찰할 수도 있고 그 안에서 얻어지는 경험들이 많습니다. 그래야 다음에 어디로 이동할 때 돌아서 가지 않을 수도 있고 더욱 값싸게 갈 수도 있고 자신만의 방법이 생기죠.
 어떤 물건을 살 때도 마트를 가고, 백화점을 가고, 아웃렛을 가고, 전통시장도 가봐야 합니다. 온라인으로 사보기도 하고 여러 가지 방법을 다양하게 해봐야 합니다. 각각의 공간의 특징이 있습니다. 마트의 좋은 점이 있고 백화점이 불편한 것이 있어요. 전통시장의 장점이 각각 다 다릅니다. 이것을 어떻게 알 수 있느냐 다 가서 보고 물건을 사봤기 때문에 알 수 있는 것입니다.

 저는 운동 중에 농구를 참 좋아합니다. 하는 것도 좋아하고 보는 것도 좋아하고 관련된 정보를 읽어보는 것도 좋아하고 농구의 아이템들을 사서 모으는 것도 참 좋아합니다. 하지만 저는 축구는 싫어합니다. 축구는 해봤는데 저는 재미가 없더라고요. 저에게 공이 잘 안 오고요, 원하는 방향으로 공이 잘 안 굴러가요. 경기를 봐도 들어갈 듯하면서 못 넣는 골이 많고 너무 안 들어가는데 제 스타일은 아니더라고요. 그래서 군대에 가서도 축구를 많이 안 했어요. 못하는데 소대장 신분으로 공격수를 하면 골을 못 넣고 그렇다고 수비를 하면서 상대에게 골을 먹을 수는 없어 난처했습니다. 그래서 간부들끼리 어쩔 수 없을 때 말고는 안 했습니다. 그런데 전역 후 풋살을 해볼 기회가 생겼어요. (축구장보다 작은 크기의 경기장에서 7명이나 5명이 서로 골을 넣는 경기) 근데 풋살은 재밌더라고요. 제가 '아 축구 싫어하니까 풋살도 재미없을 거야. 발로하는 거니까. 난 못할 거야'라고 생각해서 해보지 않았다면 풋살이 재미있는지 없는지 알 수 없었을 겁니다. 해 봤으니까 알게 된 것입니다.

초등학교 5학년을 데리고 1대1 학습멘토링 수업을 진행했던 적이 있었습니다. 학생은 굉장히 흡수력이 좋고 학업 성적도 우수한 한 학생이었어요. 딱히 학습 습관에 문제가 있거나 미디어에 중독 증세가 있거나 한 건 아니었는데 지금보다 좀 더 나아지고자 하는 마음에 어머니께서 멘토링 수업을 진행했던 적이 있었습니다. 목표에 관해서 이야기하고 시간 관리에 대해서 수업을 진행하고 아이의 이야기를 듣고 하며 한 3주 차로 접어들 때 어머니께서 저에게 물으셨어요. "우리 애는 문과인가요, 이과인가요?" 저는 '그것을 알고자 하셨다면 제

수업의 본질을 잘 못 아셨어요.'라고 이야기하고 싶었지만 차마 그렇게는 하지 못하고 "5학년 때 문과, 이과를 결정할 수도 있는 아이가 있을 수도 있지만, 그보다 더 중요한 것은 계속해서 탐색하고 관찰하여 찾아가는 자세가 아이에게 체화되는 것이 중요합니다. 그러다 보면 자연스럽게 대학교의 전공이나 진출하고자 하는 분야가 누가 추천하거나 강요하지 않아도 될 것입니다."라고 말씀을 드렸어요. 5학년이면 아직도 해볼 수 있는 것도, 하고 싶은 것도, 심지어 해보고 자신과 맞지 않다는 것도 알 수 있는 나이입니다. 물론 더 어린 나이에 두각을 나타내고 특정 분야에 특출한 능력을 보이는 아이도 있습니다. 하지만 그렇게 되었다면 누구나 그 분야에 이 아이가 능력이 뛰어나다는 것을 알 수가 있죠. 그렇지 않을 때는 계속 안전한 시행착오를 겪게 해주는 것이 필요합니다. 뷔페에는 독이 있거나 해가 되는 음식이 없죠. 거기에 있는 음식을 다 먹어도 중독이 되거나 몸에 악영향을 주진 않아요. 어른들은 그러한 환경을 만들어 주고 거기에서 아이가 맘껏 발산할 수 있도록 해주는 역할을 하는 것입니다. '이게 맛있고 이게 몸에 좋아라'라고 하여 아이를 앉혀놓고 계속 떠 먹여주는 것은 좋은 방법이 아닙니다.

다양하게 접해봅니다 ⇨ 주된 방법과 선호하는 경험을 찾습니다 ⇨ 선호하는 경험과 더불어 또 다양하게 접해봅니다 ⇨ 또 다른 주된 방법과 선호하는 경험이 생깁니다 ⇨ 그 경험이 주된 경험이 되게 하고 통합되기도 하고 병행되기도 합니다.

감시자와 조력자는 차이가 크죠. 어른들은 조력자가 되기를 노력해야 합니다. 아이들도 조력자인 어른들을 만나기를 원하니까요. 어른들은 감시자가 되어서 아이들을 바라보는데 시간과 에너지를 쓰는 것이 아니라 조력자가 되기 위한 노력을 해야 합니다. 그래야 아이들이 어른에게 다가오고 요청하게 되며 어른의 말과 행동이 그들에게 스며들게 되게 될 것입니다.

생각하기, 기록하기 그리고 적용하기

1. 내가 뷔페에 가면 가장 선호하는 음식은 무엇인가요?

----

2. 처음 먹어본 후로 맛있어서 선호하게 된 음식은 무엇입니까?

----

3. 가장 최근에 해본 평소와는 다른 색다른 경험은 무엇이었나요?

3-2. 직접체험과 간접체험 많이 하기

삶의 목적은 살고, 최대한으로 경험하며 두려움 없이 열정적으로
새로운 경험을 찾아 나서는 것이다.
-앨리너 루스벨트-

"어떤 일을 좋아하게 되기 전까지는 그것에 대해 잘 모르는 경우가
태반이다. 자신이 요리에 소질이 있다는 사실은 해보기 전엔 알 수
없다. 새로운 경험은 다양한 열정을 키울 수 있는 문을 열어주기 때
문에 중요하다."라고 《스무 살에 알았더라면 좋았을 것들, 웅진지식하
우스, 2020》의 저자인 티나 실리그교수가 말했습니다. 즉, 경험해보
기 전까지는 알 수가 없다는 것입니다. 내가 뭘 좋아하는지, 싫어하
는지, 잘할 수 있는지, 잘못하는 일인지, 경험을 해봐야 한다는 것입
니다. 두 가지 아이러니한 부분이 있는데 하나는, 세상에 있는 것들
을 다 경험해 볼 수 없다는 것이고 그런데도 경험을 계속해봐야 한다
는 것입니다. 한 가지 좋아하는 일을 찾았다고 멈추는 것이 아니라

시야는 넓게 하기, 시선은 고정하기

좋아하는 것은 계속 꾸준히 계발하기는 하고 또 여러 가지 경험을 통해 또 다른 좋아하는 것, 좋아하는 것들을 찾아가는 것입니다.

체험: 자기가 몸소 겪음. 또는 그런 경험. 경험: 어떤 것을 겪는 것.
몸소: 제 몸으로 직접. 이란 뜻이 있어요.
즉, 체험은 눈으로 보고 귀로 듣고 코로 냄새를 맡고 피부로 느끼고, 맛을 보는 오감뿐만 아니라 감동이 되고 뭉클하게 되거나 웃게 되는 길, 기분 좋은 일, 피하고 싶은 일, 성장이 안 되는 일, 발전 속도가 느린 일, 탄력을 받는 일, 손이 가는 일 그렇지 않은 일을 깨닫게 합니다.

앞서 이야기 했듯이 우리나라는 일하는 시간 세계 2위이고 노는 시간 세계 3위인 잠을 안 자는 나라로 유명합니다. 학생들이 공부를 하는 시간도 세계에서 2위예요. 엄청 시간상으로 많이 일하고 많이 공부하고 많이 노는 나라입니다. '사당오락', 아주 예전부터 있던 말인데 4시간 자면 합격하고 5시간 자면 떨어진다는 입시를 준비하던 사람들에게 정설처럼 있었던 이야기입니다. 어른들은 회사-집 회사-집 사이클을 반복하는 삶을 살고 아이들은 '학교-학원-집, 학교-학원-집'이라는 삼각형 구도 안에서 살고 있다고 해도 과언이 아닙니다. 그런데 저는 앞서 이야기한바 이것저것 많이 해보고 시도해보라고 하니 어떻게 해야 하면 좋을까요?

무엇보다 시간이 있어야 체험을 하든지 말든지 하겠죠? 자신이 사용하는 시간을 명확하게 정밀하게 분석해보아야 합니다. 학교-학원-집의 패턴이지만 아침에 일어나서 무엇을 하고 학교 가는 동안 무엇을 하고 학교 쉬는 시간 동안 뭘 했으며 점심 먹고 나서 뭐를 하고 방과 후에 무엇을 했고 학원 가는 길, 학원 중간 시간, 집에 와서 했던 일, 저녁 먹기 전, 후, 잠을 자기 전에 한 일 등을 꼼꼼히 따져볼 필요가 있어요. 이것을 정확하게 파악하면 하루와 일주일에 얼마간의 시간을 활용할 수 있을지 파악이 됩니다. 이 파악된 시간을 전부 100% 체험으로 채워 활용하라는 이야기가 아닙니다. 이 시간을 활용해 보시라는 것이 시작이죠. 가장 간단하면서도 검증되어 있고 확실한 간접체험의 방법은 "독서"입니다. 너무 뻔한 이야기를 한다고요? 어쩔 수 없습니다. 독서만큼 좋은 간접체험 방법을 저도 찾지 못했으니까요. 그리도 찰스 W 엘리엇은 "책은 가장 조용하고 변함없는 벗이다. 책은 가장 쉽게 다가갈 수 있고 가장 현명한 상담자이자, 가장 인내심 있는 교사이다."라고 했습니다. 또 사르트르는 "내가 세계를 알게 되니 그것은 책에 의해서다."라고 했죠. 그만큼 책은 벗이며, 상담가이며, 교사이고 세계를 알게 해주는 좋은 수단이자 도구입니다. 그럼 무슨 책을 읽을까요? 아무리 책을 안 읽었던 사람이라도 과거에 한 두 권의 책을 읽은 경험은 있을 거예요. 그리고 기억에 남는 주제나 책 제목이 있겠죠. 그러면 그와 비슷한 제목의 책, 그 저자가 쓴 또 다른 책, 관련된 주제가 있는 책부터 읽어보세요. 아니면 그 기억에 남는 책을 다시 읽는 것부터 시작해도 좋습니다. 새로운 깨달음을 줄 수도 있고 그렇지 않아서 더 새로운 자극을 줄 수 있는 책을 찾는 동기가 생길 수도 있으니까요. 일단 책을 손에서 놓지 않으려고 하고 틈날 때마다 읽으려고 한다면 비법이 생깁니다. 우리 아이가 태어났을 때를 보면 책 읽을 시간이 정말 없었어요. 육아를 한다는 건 정말 엄청난 신경과 에너지를 소모하는 일이더라고요. 수시로 먹어야 하고 수시로 달래야 하고 수시로 재워야 하고 수시로 놀아줘야 하고 책을 언제 읽지? 라는 생각조차 할 겨를이 없었습니다. 그래서 그때는 아주 간단한 얇은 책자만을 읽었어요. 아내는 옆에서 아이와 고군분투하고 있는데 난 옆에서 느긋하게 책을 읽는다? 그럴 순 없었으니까요. 틈나는 대로 짬짬이 읽어도 내용이 읽히는 책을 읽었습니다. 예전보다 확실히 많이 읽지는 못했지만 그래도 읽기를 놓치진 않게 되더라고요. 그러다 보니 어느 순간 아이에게 아이가 읽어야 하는 책을 읽어줘야 하는 시기가 되었습니다. 때로는 호랑이도 되었다가 때로는 공룡도 되었다가 때로는 아기가 되었다가 때로는 왕자가 되었다가 하면서 읽어주게 되었어요. 그 과정이 지나니 좀 더 글 밥이 있는 책들을 읽게 되었는데 위인전을 한쪽 페이지씩 나눠 읽게 되었습니다. 이 이야기는 뒷장에서 좀 더 다룰 텐데, 지금은 아이는 아이 스스로 책을 읽고 저는 저가 읽고 싶은 책을 읽게 되었습니다. 책을 읽으면서 다양한 직업을 가져보기도 하고 안 가본 나라를 가보게 되기도 하며 과거로도 가고 미래로도 갑니다. 역사의 의미를 깨닫게 되기도 하고 그렇게 될 수밖에 없었던 이유를 새롭게 알게 되기도 하며 선조들의 지혜를 배우고 저의 지적 자양분으로 삼기도 하죠.

그렇다면 직접 체험은 언제 할 수 있을까요? 앞서 말한 바와 같이 시간이 있어야 합니다. 그런데 시간이 없다고 할 것입니다. 근데 주말도 있고 공휴일도 있고 방학도 있잖아요. 뭔가 직접 체험하려는 계획이 있어야 시간이 생길 때 할 수 있어요. '시간이 생겨야 직접 체험할 수가 있다'가 아니라 '직접 체험 뭐할지를 준비를 하고 있다가 시간이 생기면 한다'라는 것입니다. 모든 시간에 스마트폰에 시간을 쏟고, 게임에 시간을 투자하고, 웹서핑에 시간을 보낸다면 너무 아쉽지 않겠습니까? 웹서핑이나 스마트폰으로 좋은 정보와 경험의 요소를 획득할 수 있지만, 온라인 매체는 '원숭이 엉덩이는 빨개-빨간 거는 사과-사과는 맛있어-. 백두산'식으로 진행되기 쉽습니다. 길을 잃어 헤매게 되는 경우가 많아요. 그래서 준비와 계획이 필요합니다. 이번 주말에는 "○○을 가서 관찰하고 다녀온 후 관찰일기를 쓰겠다."든지 "○○을 배우고 집에 와서는 집중 연습을 하겠다."든지 식의 아주 단순하고 간단한 체험의 준비를 세우고 실천해 보는 것입니다. 요리해 보기도 하고 책을 읽고 가고 싶었던 박물관이나 유적지를 가기도 하고요. 저는 한국사능력검정시험 고급을 준비할 때 코로나19로 바깥 활동이 제한적이어서 영화소개 프로그램을 조선 시대 역사 순으로 이어서 본 적이 있습니다. 태종 이방원을 다룬 '순수의 시대', 세종대왕을 다룬 '천문'. 세조의 이야기를 나타낸 '관상', 연산군의 이야기인 '왕의 남자', 임진왜란을 다룬 '명량', 대동법 시행을 한 광해군의 이야기 '왕이 된 남자 광해', 인조의 이야기 '남한산성', 병자호란의 이야기 '최종병기 활', 영조와 사도세자의 이야기 '사도' 등이 그것입니다. 영화 전부를 본 것도 있지만 영화 비평 영상을 통해 순서대로 본 적이 있습니다. 시험을 준비하는 데 도움도 되었고 역사에 관한 관심을 높이는 것에도 큰 도움이 되었습니다.

체험을 몸소 해봐야 알 수가 있습니다. 시간을 파악해서 사용할 시간을 만들고 무엇을 할지를 정해서 여러 가지를 해보세요. 그러므로 인하여 여러분이 집중하고자 하는 분야를 찾게 되고 거기에 몰두와 몰입을 할 수 있는 부분들을 찾게 되길 바랍니다. 그래서 누구도 이루지 못한 부분을 성취해 내고 이뤄보세요. 그러면 어떤 것과도 바꿀 수 없는 자신만의 경험과 비결이 엄청난 성취감으로 여러분이 꿈꾸는 꿈의 자양분이 될 것입니다.

생각하기, 기록하기 그리고 적용하기

1. 살면서 가장 기억에 남는 직접 체험은 무엇인가요?

----

2. 살면서 가장 기억에 남는 간접체험은 무엇인가요?

시야는 넓게 하기, 시선은 고정하기

3-3. 동시에 되기

준비 여부에 관계없이, 열망을 실현하기 위한 명확한
계획을 세우고 즉시 착수하여 그 계획을 실행에 옮겨라.
-나폴레온 힐-

　요즘 현시대를 반영하는 몇 가지 키워드 중 빠질 수 없는 키워드 하나는 "부캐"라는 용어입니다. 네이버 지식백과 시사상식사전을 보면 "본래 게임에서 사용되던 용어로, 온라인 게임에서 본래 사용하던 계정이나 캐릭터 외에 새롭게 만든 부캐릭터를 줄여서 부르는 말", "일상생활로 사용이 확대되면서 평소의 나의 모습이 아닌 새로운 모습이나 캐릭터로 행동할 때를 가리키는 말"이라고 설명하고 있습니다. 연예인들을 비롯하여 많은 사람이 부캐를 가지고 있어요. 하지만 그것이 내가 좋아하고 원해서 하는 부캐냐, 아니냐의 차이는 큽니다. 일단은 부캐처럼 한 사람이 동시적으로 여러 가지 일을 할 수 있는지 물리적으로 가능한 사례를 살펴보겠습니다.

「이종룡 이란 사람을 혹시 아시나요? 예전에 3천만 원의 월매출을 올리던 시계점을 운영하다가 사업에 실패하고 부도를 냈다. 처가 땅을 다 팔고 형제들한테도 손을 벌려 이리저리 돈을 가져다 쓰고도 3억5천만 원의 빚이 남았었다. 신용불량자가 되고 빚쟁이들한테 쫓기는 신세가 되었다. 주민등록말소로 인해 직장에도 고용되지 못하는 신세가 되자 의지를 다지는 마음으로 송곳니 2개를 스스로 뽑고 7개의 아르바이트를 시작했다. 아침 6시부터 9시까지 떡을 배달하고, 9시부터 11시까지 떡 포장 작업을 했다. 11시부터 12시 반까지 떡을 배달하고 30분간 점심 겸 휴식을 차에서 보낸 후 1시부터 20시까지 태권도 차량 운전을 하고 20시부터 23시까지 야간 배달을 했다. 23시부터 24시까지 쪽잠을 자고 24시부터 2시까지 목욕탕 청소, 2시부터 3시 반까지 신문에 광고지 삽입, 3시 반부터 5시까지 신문을 배달했다. 집에서 씻고 옷을 갈아입은 후 다시 떡을 배달하러 출발했다. 최소 4개의 아르바이트부터 보통 7개, 최대 10개를 하기도 했다. 10년에 걸쳐 3억 5천만 원의 빚을 갚았고 마지막 송금을 하면서 그는 오열했다. 2009년에는 3억 5천만 원의 전쟁이라는 제목의 책도 냈다. 각종 방송국의 프로그램에도 나왔었다. (하지만 그는 안타깝게도 54세 대장암으로 사망했다.)」

-https://namu.wiki/w/이종룡-

이종룡이란 사람은 빚을 갚기 위해 정말로 부단한 노력을 했습니다. 그가 하루에 하는 일만 해도 보통 5개가 넘었습니다. 떡 배달, 신문 배달, 목욕탕 청소, 태권도 차량 운전, 떡 포장 등 동시에 이 많은 일을 했습니다. 다만 문제가 있다면 건강의 측면에선 너무 몸을 혹사했다는 것이고 진로의 관점에선 자신의 관심 분야나 흥미와는 전혀 관련이 없는 일이었다는 것입니다. 하지만 한 사람이 여러 개의 일을 동시에 할 수 있다는 것을 알려주고 있습니다.

우리가 진지하게 인식하지 못하지만 많은 사람들은 동시에 여러 개의 직업을 갖고 일을 하고 있습니다.

저는 평일에는 일반 사무직으로 근무를 하고 회사가 쉬는 월요일, 연차, 주말을 활용하여 학교나 기관에서 강의를 합니다. 교회 수련회 특강을 하기도 하고 학교 진로 프로그램이나 자기주도학습 관련 수업을 진행하기도 하죠. 지금까지 3권의 책을 썼습니다. 또 더 쓸 계획이고요, 또 결혼식이나 연말에 기업의 연회 등에서 MC도 봅니다. 전부 저의 말하기와 연관된 일들입니다. 저도 블로그를 잘하고 싶고 유튜브를 통해서도 제가 가지고 있는 능력을 표출할 채널을 다양하게 갖고 싶습니다. 더 배우고 공부를 해야 합니다. 저희 아내는 음악치료사가 직업인데 새벽에는 교회에서 새벽예배 반주를 매일 합니다. 한 달에 3~4회 특별한 예배의 반주를 하고 결혼식 반주 요청을 받고 반주를 합니다. 치료사 일을 할 때는 연주와 상담이 통합된 능력을 발산합니다.

현시대에는 자신의 능력을 발산시킬 수 있는 도구가 너무나도 많아졌습니다. 대표적으로 유튜브 제작자가 있고 글 기고를 통해 브런치 작가가 될 수도 있습니다. 블로그를 운영해서 자신의 능력과 비결을 표출할 수도 있어서 필요한 기관과 사람들이 나를 찾아올 수 있도록 할 수도 있어요. 주간과 야간을 나누어서 일을 할 수가 있고 주중과 주말을 나누어서 할 수도 있습니다. 월화수목금토일 일만 하라는 것이 아니에요. 자신이 좋아하고 흥미로워하는 분야를 확산시키는 방법이 아주 다양하게 있고 그것이 가능하다는 것을 말하려는 것입니다.

작가, 번역가, 일러스트레이터, 유튜버, 출판사 대표, 강사인 "회사 체질이 아니라서요"의 저자인 서○○라는 분이 세바시에 나와서 이야기를 하더군요.

「저는 재능이 넘쳐서가 아니라 재능이 오히려 부족해서입니다. 여러 개를 해보자는 발상부터 시작이 되었습니다. 2015년 퇴사를 하고 프리랜서 출판번역가가 되자는 목표만을 가지고 야심 차게 시작했는데 아무도 저를 찾아주지 않더라고요. 백수인 처지에서 출판사를 차려버리고 전자책을 만들어서 팔기 시작했습니다. 질은 낮았지만 이런 것들이 쌓이고 경험이 되니 출판사에서 저를 찾기 시작했어요. 이 이야기를 궁금해하던 출판사가 책을 내자고 연락이 왔습니다. 다양한 우물을 얕게 찔러보기 이것이 저의 방법이었어요. 승률을 올리고 위험성을 줄이기 위함이었어요. 나다운 삶, 열정을 쏟을 우물을 반드시 찾길 바랍니다.」

-CBS 〈세바시, 서○○〉, 2020. 12. 23-

한 가지 일을 동시에 다양하게 할 수도 있습니다. 제 지인 중 한 분은 기타 판매 및 수리 등을 하는 매장을 하셨는데 하시면서 기타 교습을 하고, 기타 반주에 관한 책을 쓰고, 기타에 반주 및 주법에 관해 유튜브를 하시더라고요. 1이 1-1, 1-2, 1-3, 1-4가 된 것이죠.

제 주위를 보면 여러 가지 일을 동시에 하는 사람이 정말 많습니다. 저녁에 배달 일을 하기도 하고 퇴근 후 대리운전 일을 하기도 합니다. 다만 아쉬운 것은 자신의 관심과 흥미에 연관성이 적은 일임에도 불구하고 금전적인 부분만을 보고 하는 경우가 많다는 것입니다. 물론 열심히 하고 성실하게 쉬는 시간, 가족과의 시간을 쪼개어 가며 살아야 하는 것은 의미가 있고 격려와 응원을 받을 만한 것입니다. 하지만 조금만 시선을 돌리고 방향을 돌려보세요. 분명히 여러 가지의 길이 있을 것입니다. 그것은 자신의 비전을 향해 가는 다양한 방법의 길이 될 것입니다. 내가 잘 배우고 있다. 내가 성장하고 있다. 내가 전진하고 있다. 나는 올바른 방향으로 가고 있다. 내가 돌아가긴 해도 멈춰있지는 않는다. 반대로 가고 있는 것은 아니다. 라는 심적 안정감을 느끼는 것도 중요합니다. 그런 하루를 산다면 몸은 피곤해도 스트레스는 덜한 하루를 살게 되고 엔돌핀이 생기고 에너지가 채워지는 하루하루를 보내게 될 것입니다.

생각하기, 기록하기 그리고 적용하기

1. 내가 아는 사람 중 동시에 여러 가지를 하는 사람은 누구이며
어떤 일을 하고 있나요?

----

2. 내가 하고 싶은 일 중 변형, 활용, 확산하면 무슨 일들을 할 수
있을까요?

시야는 넓게 하기, 시선은 고정하기

3-4. 차례대로 되기

내 마음에 동요가 일고 마음속에서 원해, 정말 원해, 정말 정말 원해!
라고 외쳤다. 그 소리는 매일 오후면 들렸고
떨쳐버리려 노력할수록 커졌다.
-솔 벨로 (미국 소설가, 노벨문학상 수상자)-

기술이 발전하고 과학이 발달하여도 인간이 해결하지 못하는 문제가 있습니다. 그 대표적인 예로 흘러가는 시간을 멈출 수 없다는 것이고 인간의 노화와 죽음을 피할 수가 없다는 것입니다. 2021년 1월 현재 최고령인 일본의 다나카 카네 할머니는 118살입니다. 대한민국의 평균 수명은 남성이 79.7세이고 여성이 85.7세입니다. 여기서는 어떻게 하면 오래 살고, 왜 여성이 6년가량을 오래 사는지를 이야기하려는 것이 아니라 우리가 흔히 말하는 은퇴 이후에도 남은 시간이 많다는 그것에 주목해보고자 하는 것입니다.

SNS에서 본 글입니다. 성공한 인생을 10대부터 100세까지 한 문장으로 정리한 것인데 "10대: 성공한 아버지를 뒀으면 성공, 20대: 학벌이 좋으면 성공, 30대: 좋은 직장에 다니면 성공, 40대: 2차를 쏠수 있으면 성공, 50대: 공부 잘하는 자녀를 뒀으면 성공, 60대: 아직도 돈을 벌고 있으면 성공, 70대: 건강하면 성공, 80대: 자식들이 자주 오면 성공, 90대: 전화가 오는 사람 있으면 성공, 100세: 아침에 눈 뜨면 성공"이라고 하더군요.

각각 모든 정의 앞에 "자신이 좋아하고 잘하는 일을 하고 있으면서"이란 단서를 붙여야 이해되고 동의할 수 있다고 생각합니다. 물론 70대에도 80대에도 충분히 이뤄갈 수 있는 일들이 세상에 있고 또 그런 사례가 많습니다. 그들이 했다면 나도 그렇게 할 수 있다고 여겨야 합니다.

2011년도만 하더라도 대학생이 존경하는 인물 1위, 2위를 하던 사람이 있습니다. 당시 해외의 인물로는 스티브 잡스였고 국내에서는 이 사람이었습니다.

「그의 삶은 평생 공부를 이어가는 삶이라고 해도 과언이 아니다. 의대 교수를 하다 컴퓨터 바이러스 백신 개발이라는 전혀 다른 분야에 뛰어들었고, 사업가를 거쳐 경영학과 교수로 활약했다. 각종 강연이나 TV 출연을 통해 대중의 이목을 끌면서 '신드롬'이라는 말이 나왔을 정도였다. 2011년 서울시장 출마 가능성이 거론됐지만, 박원순 당시 희망제작소 상임이사에게 양보했다. 이후 정계 진출 가능성이 계

시야는 넓게 하기, 시선은 고정하기

속 거론되면서 2012년 대선 출마를 선언했다가 문재인 당시 민주통합당 후보를 지지하며 사퇴했다. 고(故) 노회찬 전 의원 사망으로 공석이 된 서울 노원병 보궐선거에 출마해 국회의원이 됐다.」

-나주석 〈안철수, 의사·사업가·교수 등 다양한 이력…〉
아시아경제, 2021. 6. 17-

그는 누구일까요? "안철수"입니다. 여기서는 안철수 대표가 어떤 사람인지를 다루는 것이 아니라 차례대로 여러 가지 직업을 가졌다는 것을 강조하고 싶습니다. 의사였고, 컴퓨터 프로그래머였고, 회사의 대표였고, 교수였으며, 책을 쓴 작가(CEO 안철수, 지금 우리에게 필요한 것 외 단독저서 10권, 공저는 13권)이고, 정치인이 되기까지, 적어도 5개 이상의 직업을 시간이 흐르면서 하나씩 했다는 것입니다.

「경력 끝판왕이라고 불리는 송○○ 씨가 유퀴즈에 출연했습니다. 그는 현재 과천경찰서 수사과장 경정으로 근무 중인데 원래 한국화를 전공했다고 합니다. 경제적 독립을 위해 홍콩 상하이 H은행에 취직했다가 자신의 가치관과 다르고 맞지 않아 항공사 승무원이 되었습니다. 승무원이 된 이유는 미술 전시장을 다니고 싶어서였는데 막상 계획처럼 되지 않아서 그만두게 되었습니다. 높은 연봉과 삶의 만족도는 좋았는데 화가로서 다시 시작을 준비하려는 중 대학원 복학과 퇴사 후의 사이에 시간이 좀 남아서 사법시험 폐지 소식을 접하고 사법시험을 준비(오전 10시부터 새벽 4시까지 공부) 해서 사법시험에 합격합니다. 로펌변호사를 3년 정도를 하다가 회의(죄를 저지른 의뢰인이 반성을 못 느끼는 것)에 대해를 느끼고 경찰관이 됩니다.」

-tvN 〈유 퀴즈 온 더 블럭, '송○○'〉, 2020. 10. 21-

피나는 노력을 하고 각종 시험에 합격하고 직업을 가지게 된 것도 대단하지만 이직을 하고 직업을 결정할 때 하나하나 의미를 부여하고 가치관에 따라 직업을 찾고 결정한 부분입니다. 하나를 하고 또 다른 하나를 성취하고 아무리 좋아 보이는 직업이라 하더라도 자신의 가치관과 다르면 그만두는 용기와 새롭게 도전하는 자세는 정말이지 120% 닮고 싶습니다.

현재 법률상 법정 정년은 만 60세입니다. 하지만 50세가 되기도 전에 직장에서 은퇴하는 나이는 49세 정도라고 합니다. 실질적 은퇴 나이는 시간이 갈수록 더 짧아진다고 하고 아이러니하게 의료기술은 발달해서 기대수명은 늘어나고 있습니다. 그러므로 기업에서 회사에서 퇴직을 했다고 해서 끝이 아니라는 것입니다. 또 내가 잘할 수 있고 능력을 발휘할 수 있는 분야에 임해야 합니다. 연금이, 부동산이, 이자가, 모아둔 돈이 남은 시간과 진로를 100% 보장해 주지 않습니다. 그리고 뭔가 하루가 무료하고 자신이 세상에서 필요한 존재라고 느껴지지 않을 때 사람은 낙심되고 몸도 금방 허약해집니다. 돈을 이전만큼 많이 벌 수는 없을 수도 있고 체력도 30대 때와 50대 때는 차이가 크게 날 겁니다. 하지만 남은 시간을 새롭게 도전하거나 배우거나 기존의 내 능력을 더 업그레이드하는 방법과 장들이 세상에 존재할 것입니다. 점하나에 집중하세요. 그리고 성취해 내세요. 하지만 그다

시야는 넓게 하기, 시선은 고정하기

음의 점들도 찍어 놓으셔야 합니다. 그 점들은 자신과 관련된 점들이어야 하고요.

《하버드 상위 1퍼센트의 비밀》(한경비피,2018)를 보면 해리 거쉬라는 분이 나옵니다. 그는 1900년경 태어나서 사상 최악의 경제 위기였던 1920년대는 부모님 모두가 길거리에서 일자리를 찾아도 없고 1930~1940년대에는 세계대전이 일어났고 그러다 보니 어느덧 40대가 되어서 모든 상황을 다 두들겨 맞고 나니 1950년대에는 경제가 조금씩 살아나기 시작했는데 어느덧 할아버지가 되었습니다. 자녀 둘다 대학을 보냈으나 삶의 끝을 마냥 기다리기보다 60세에 다시 공부를 시작해 63살에 하버드대학교 신입생으로 합격하였습니다. 67살에 상위 10%로 졸업을 하고 졸업 후 25년을 더 살면서 하버드인 자부심을 25년간을 누렸습니다.

레이 크로크도 52세에 맥도날드를 창업하였고, 아돌프 다슬러는 1949년 아디다스를 창립하였다. 조지 포먼은 45살에 복싱 챔피언이 되었고 KFC를 창업한 샌더스 할아버지는 창업 할 때 나이가 65세입니다. 무조건 도전을 하고 창업을 하라는 이야기가 아니고요, 어르신도 충분히 業이라는 것을 얻을 수 있고 할 수 있다는 것을 이야기하는 것이죠.

누구의 추천과 강요, 충고에 따라 우왕좌왕하는 것이 아니라 자신이 스스로 정립한 가치관과 자신의 겪어온 경험에 입각한 흥미를 바탕으

로 하나씩 하나씩 징검다리를 건너듯 또는 계단을 오르듯 자신의 業
을 찾고 이뤄가길 응원합니다.

생각하기, 기록하기 그리고 적용하기

1. 내가 20대에 하고 싶은 일, 30대에 하고 싶은 일은 무엇인가요?

----

2. 내가 40대에 하고 싶은 일, 50대에 하고 싶은 일은 무엇인가요?

----

3. 내가 60대에 하고 싶은 일, 70대에 하고 싶은 일은 무엇인가요?

3-5. 준비하고 실천하는 평생을 살기

오십이 넘어서도 적성을 모르겠다고 토로하는 사람이 부지기수다.
좋아하는 일을 하는 사람들의 특징은 현재에 집중하고 작은 실천에
능하다는 점이다. 지금 거기에서 할 수 있는 일을 하다가 자신의
꿈을 만난 경우가 태반이다. 이들이 우연한 기회를 만난 건 뭔가를
계속 두드리고 시도했기 때문이다. 계획을 행동으로 옮길 때
숨어 있던 적성도 나아갈 방향도 드러날 것이다.

-김민태-

「10대와 20대의 가장 많은 질문 중 하나, 좋아하는 일을 해야 하나
요? 잘하는 일을 해야 하나요? 많은 전문가의 대답: "좋아하는 일로
생계유지하려고 하면 좋아하는 일이 재미없어져요. 그래도 괜찮겠어
요?"〈재테크 전문가 김관용〉, "좋아하는 일을 하면 행복해질 거라고
믿는 것은 동화 속 행복한 결말을 믿고 사는 것과 같다."〈칼럼니스
트 조정화〉, 노벨상 수상자들에게 물었습니다. '어떻게 창조적 효과를

낼 수 있었나요?' 그들은 대답했습니다. '좋아하는 일을 하세요.' 〈"똑똑한 식스팩" 이미도〉, "잘하는 일을 하다가 좋아하는 일로 옮겨가면 삶이 '노동'에서 '놀이'가 됩니다." 〈법륜 스님〉, "좋아하는 일을 끈기 있게 한다면, 결국 잘하게 됩니다. 그러므로 좋아하는 일을 하세요." 〈청춘 특강 강연 중〉, 전문가들의 엇갈리는 의견, 좋아하는 일 VS 잘하는 일, 엄마에게 물었다. 엄마가 대답했다. "쓸데없는 거 묻지 말고 네가 알아서 해. 어차피, 네가 누구 말을 듣긴 하니?" 〈엄마〉. "스스로 돕지 않는 자에겐 기회도 힘을 빌려주지 않는다." 〈소포클래스〉」

-EBS 〈지식e채널 '좋아하는 일 VS 잘하는 일'〉-

고민이 되는 질문입니다. 선배 전문가들의 의견도 갈리니까요. 그 반대로 생각해 보면 어떨까요? 우리가 하지 말아야 하는 일, 해서는 안 되는 일은 "내가 잘못하는 일", "내가 싫어하는 일"입니다. 이것을 내 業으로 삼으면 안 됩니다. 생각해 보세요. 내가 잘못하는 일인데 일하는 시간 내내 그것을 해야 한다고 생각해 보세요. 내가 싫어하는 일인데 출근하고 나서부터 퇴근할 때까지 한다? 정말 끔찍하지 않습니까? 연봉을 아무리 많이 준다고 해도 그것을 내 業으로 삼지 말아야 한다는 거죠. 시작하게 되어도 참다 참다 그만두게 될 것입니다. 살아가다 보면 좋아하는 일이 생깁니다. 발견됩니다. 잘하는 일도 생겨요. 능숙한 일도 생깁니다. 이 두 가지의 교집합을 만들어 보세요. 좋아하지만 잘하지 못하는 일이 아니고 잘하지만 좋아하지는 않는 일도 아닌 좋아하면서 잘하는 일, 잘하면서도 좋아하는 일 말입니다. 그러니 앞서 밝힌 바와 같이 여러 가지를 많이 시도해보라는 의미도 그것 때문입니다. 그리고 그것들이 연관성이 없다고 해도 내가 연결해서 만들면 그만입니다. 우리 주위의 흔히 있는 물건들을 살펴볼까요? 휴대폰도 전화기+카메라부터 시작되었어요. 지우개가 달린 연필, 자 없이도 직선을 그을 수 있는 자의 기능과 볼펜이 합쳐진 제트라이더, 게임만 하던 PC방이 아닌 식사도 가능하고 바리스타 급 커피를 마실 수 있는 카페를 겸하는 PC방도 있습니다. 예전엔 목욕탕에서는 목욕만 할 수 있었는데 지금은 영화관람, 식사, 마사지, 게임도 가능한 찜질방이란 게 흔해졌어요. 이런 사업 아이템만 합쳐지는 것이 아니라 내가 가지고 있는 능력이 통합될 수도 있다는 거죠. 그렇지 않더라도 한 가지 능력을 오랫동안 극대화하는 사람도 있습니다. 그리고 사람은 누구나 태어날 때부터 한 가지 이상의 능력을 갖추고 태어난답니다.

우선은 준비할 자신이 집중할 분야를 찾으세요. 한 점을 정하는 것입니다. 이때 필요한 것은 몰입과 집중입니다. 축구계의 레전드이자 푸스카스 어워드의 주인공은 푸스카스는 "나는 많은 시간 축구를 한다. 공을 찰 수 없을 때는 축구에 관해 이야기를 한다. 축구에 관해 이야기할 수 없을 때는 축구에 대해 생각을 한다"라고 말했습니다. 85세에 숨을 거두기 직전까지 4,000회 이상 콘서트를 한 건반 위의 사자, 빌헬름 바크하우스에게 기자가 물었습니다. "선생님, 연주하지 않을 때는 주로 뭘 하십니까?" 물끄러미 그 기자를 쳐다보던 그는 퉁명스럽게 대답했습니다. "연주하지 않을 땐 연습을 하지!" 몰입할 때는 이러한 마음가짐이 필요합니다. 그러면서 또 다른 분야들을 찾아내세요. 관련시킬 수 있는 것들을 관찰하고 경험해보세요. 밥을 먹을 때 반찬을 골고루 먹는 것처럼요. 준비했다면 행동하고 실천합니다. 정도의 차이가 날 뿐이지 성과는 나게 되어 있습니다. 그리고 또 그 다음 이룰 몰입의 목표를 정하고 거기에 맞는 행동과 실천으로 채우는 것입니다.

평생교육이란 말을 들어보셨을 겁니다.
「평생교육이란 "개인의 출생에서부터 죽을 때까지(요람에서 무덤까지) 전 생애에 걸친 교육(수직적 차원)과 학교와 사회 전체 교육(수평적 차원)의 통합"이라고 말함으로써 교육의 통합성과 종합적 교육 체계를 강조하는 것을 말한다. 평생교육이란 말 그대로 평생에 걸쳐서 행하여지는 교육을 의미하는 것으로, 나이와 사회의 한계를 벗어난 일생에 걸친 교육을 의미한다.」

-https://ko.wikipedia.org/wiki/평생교육-

사람은 교육을 받고 교육을 하는 것을 죽을 때까지 해야 한다는 것입니다. 나이가 많다고 해서 가르치는 것을 할 수 있는 것이 아니고 어리다고 하여 가르침만 받아서도 안 된다는 것이죠. 상호보완, 순환의 과정이 사람마다 계속해져야 합니다. 새로운 것이 생겨납니다. 어제의 것이 오늘은 또 옛것이 됩니다. 그러면 또 배워야 하고 익혀야 합니다. 나의 새로운 관심과 분야를 또 찾고 거기에 대해 배우고 체화시켜서 나만의 것으로 만듭니다. 거기에 결과물을 내고 성과를 냅니다. 사회에 공헌하고 자신의 존재감을 드러냅니다. 그리고 나이에 상관없이 쓰임을 받아요. 그러한 인생의 순간과 시간이 채워져야 삶이 보람과 만족, 세상 기준의 성공이 아닌 자신의 행복감으로 채워지게 된다는 것입니다.

　저는 나이 마흔에 첫 책을 썼습니다. 누구도 제가 책을 쓸 거라고는 생각하지 못했습니다. 추천하지도 않았고 강요하지도 않았습니다. 하지만 저는 쓰고 싶었습니다. 강의할 때 한 걸음 더 보탬이 되는 중요한 자산이 필요했어요. 엄청나게 몰입했습니다. 관련된 온라인 카페에서 제가 활용할 수 있는 비결을 습득했습니다. 이렇게도 써보고 저렇게도 써보았습니다. 유명한 작가님에게 목차를 보여주니 "이게 목차에요? 다른 책의 목차를 보지도 못했어요?"라는 말을 듣기도 했습니다. 다시 썼습니다. 이렇게도 써보고 저렇게도 써보고 이 자료가 저 경험이 이 꼭지, 장(章)에 맞는지 계속 생각했습니다. 한 장을 쓴 다음엔 생전 얼굴도 모르는 작가님에게 전화를 걸어 검토를 요청하고 피드백을 받았어요. 책을 쓰는 법에 관한 관련 책도 읽었습니다. 그러다 보니 제 이름으로 된 책 한 권이 세상에 나오게 되었습니다. 한 권을 쓰니 또 다른 두 번째 책이 써졌고 세 번째 책도 쓰게 되었습니다. 이제 또 다른 자양분을 찾기 위해 다른 것을 시도해볼 차례입니다. 저도 아직 부족하고 모자랍니다. 하지만 이 진로에 관한 이야기를 깨달은 순간 책을 통해 알리고 강의로 풀어내야겠다고 생각했습니다. 차근차근히 해볼 것입니다. 평생을 거쳐 배우고 준비해서 행동과 실천을 해서 삶을 풍성하게 할 것입니다.

시야는 넓게 하기, 시선은 고정하기

생각하기, 기록하기 그리고 적용하기

1. 평생을 걸쳐 배우고 공부하고 싶은 분야와 주제는 무엇인가요?

----

2. 위 1번의 이유는?

3-6. 시간이 흐른다고 다 어른, 어르신이 되는 게 아닙니다.

로마 황제인 아우구스투스는 76세에 눈을 감기 직전까지 일했고 윈스턴 처칠은 80세에 수상을 지냈다. 미켈란젤로 역시 노년까지 창작의 열정을 멈추지 않았다. 밝혀진 바에 의하면 과학자들은 삼십 대 초반보다 육십 대가 되었을 때 두 배나 많은 논문을 발표했다.

-루이스 월퍼트-

"배우기만 하고 생각하지 않으면 얻는 것이 없고, 생각만 하고 배우지 않으면 위태롭다."라고 공자가 말했습니다. 어린아이부터 어르신까지 모두에게 해당하는 말이라고 생각합니다. 시간이 흐르면서 배우고 더 많은 경험을 하면 아는 것도 많아지고 지식도 쌓입니다. 하지만 그렇다고 해서 그것을 다른 누군가에게 전하려고 하는 태도를 먼저 취한다면 그것은 착각입니다. 하루가 다르게 새로운 정보와 기술이

시야는 넓게 하기, 시선은 고정하기

나오고 그것을 또 배워야 하기 때문이죠. 나보다 더 젊은 사람이 심지어 어린아이가 더 잘하기도 합니다. 그러면 거기에서도 몸을 숙여 귀를 기울이고 배워야 합니다. 그래야 어른이에요. 그렇지 않으면 흔히 말하는 '꼰대'입니다. 젊어도 가르치려고 하는 태도부터 취한다면 꼰대입니다. 듣는 것, 배우는 태도와 마음이 선행되어야 합니다.

꼰대는 "자기의 구태의연한 사고방식을 타인에게 강요하는 이른바 꼰대질하는 직장 상사나 나이가 많은 사람"을 뜻합니다. 꼰대가 맞냐, 아니냐는 상대방을 대하는 태도와 자세의 시작점부터 다릅니다. 심적으로 시각적으로 수직적 자세와 태도로 나는 높은 상태에서 상대를 아래로 생각하며 대하는 태도의 시작이 꼰대임을 충족합니다. 참 어른과 어르신은 아주 사소한 문제나 고민, 걱정이 있는 어린아이, 자녀, 후배, 젊은 사람들을 품어주는 자세를 겸하고 그들로부터 새로운 정보와 기술들을 끊임없이 배우려는 모습을 가진 사람이 입니다.

저는 평소 직장 생활을 할 때 60대 중후반의 은퇴를 하시고 또는 기업의 대표를 하신 후 또 다른 자신만의 사업을 하시는 어르신들을 많이 만납니다. 이야기를 들을 기회가 많습니다. 그중에 항상 저에게 이것저것 물어보시는 분이 계세요. 스마트폰 애플리케이션에 대해서, SNS에 대해서, 컴퓨터 사무용 프로그램에 대해서 등 계속 물어보십니다. 물론 능숙하지 않으시죠. 하지만 그것을 할 때 무조건으로 저에게 시키지만은 않습니다. 많은 분은 저에게 시키고 본인들은 담소를 나누시고 차 마시는 시간을 갖습니다. 하지만 배우려고 하고 이렇게도 해보고 저렇게도 해보고 거기서 안되는 부분은 물어보시고 하는 어르신을 대할 때 저와 그렇지 않은 분들을 대할 때의 제 마음가짐은 다르게 됩니다. 그리고 같이 대화를 해보면 생각 그 이상의 생각을 하시고 통찰력을 가지고 계세요. 놀랄 때가 많습니다. 저 같으면 감당하지도 못할 금전적인 어려움이나 법정 싸움이 있어도 평정심을 유지하고 계시고 능숙하게 그 일에 대응합니다. 묵묵히 감당합니다. 그러면서도 자신의 일상을 살아갑니다. 그런 연륜과 여유로움이 저는 참 많이 배우고 싶은 부분입니다. 그리고 어르신 분들을 모아두고 저에게 스마트폰 활용하는 것에 대해 가르칠 수 있는 시간과 장소를 마련해 주셨어요. 필요한 애플리케이션을 설치하는 법, 파일들을 저장하는 법, 저장한 파일을 찾는 법, 용량을 정리하는 법, 와이파이를 설정해서 데이터 사용량을 줄이는 법, 필요가 없는 애플리케이션은 무엇인지 등. 그분의 의도는 이거였어요. "이런 자리와 기회를 통해 우리도 배워야 한다. 열심히 배우고 생활에서 활용해라,"는 것이죠. 이제는 제가 가진 고민에 대해서 전화를 드릴 수 있는 분이 되셨어요. 내 이야기를 먼저 들으시고 제가 알지 못하는 비결과 명철함으로 길을 안내해 주실 것이 분명하기 때문이죠.

우리 아들이 막 돌이 지났을 무렵 걷기 시작하면서 책장에 있는 책 다 빼놓기 놀이를 했습니다. 방 하나의 벽면을 가득 채울 정도로 책이 채워져 있는 개방형 책장이 있었어요. 시간이 지나자 아들이 책에 있는 띠지를 빼고 훼손시켰습니다. 나중에는 아래 칸부터 손 닿는 칸까지의 모든 책은 띠지가 없어졌어요. 나중에는 책의 양이 점점 더 많아지고 쌓이기 시작했고 책도 구겨지거나 망가지기 시작했어요. 잘 타이르고 알려주며 교육했지만 어린 아들은 그 놀이를 멈추지 않았습니다. 당장 책을 옮길 여유 공간은 없고 손이 안 닿는 곳으로 옮길 수도 없었습니다. 문이 달린 책장을 사자니 그 많은 책을 빼고 옮기고 여간 번거로운 일이 아니었어요. 하지만 저희 장모님이 그것을 한 번에 해결하셨습니다. 아이를 맡기고 일을 마치고 퇴근했는데 책을 빼고 논 흔적이 없었습니다. 다시 정리한 고충도 없으셨답니다. 어떻게 하셨을까요? 모든 책은 책장에 그대로 있었어요. 다만 꽂혀있는 방법과 순서만 달라졌습니다. 즉, 어른의 힘으로는 책을 꺼낼 수 있지만, 아기의 힘으로는 뺄 수 없게 다소 빽빽하게 책을 꽂아 정리하신 것이죠. 아들이 몇 번 이전처럼 책을 빼서 놀려고 시도했으나 더는 자신의 힘으로 책이 빠지지 않자 다른 놀잇거리로 시선을 돌리게 되었어요. 저는 그 순간 70살이 넘으신 장모님이 지혜롭다고 느꼈습니다.

아래 신문 기사를 봅시다.

「미국 유타주에 거주하는 데이브는 매일 같은 시간에 주택 보안카메라에서 차고 진입로에 움직임이 감지됐다는 경고를 받았다. 그가 본 보안카메라 영상 속에는 어린아이가 차고 진입로에서 자전거를 타는 모습이 담겨 있었다. 아이는 아슬아슬하게 자전거 연습을 했다. 데이브는 작은 선물을 준비하기로 했다. 분필을 들고, 차고 진입로에 레이싱 트랙을 그린 것이다. 적당히 구부러진 모양으로, 아이가 따라서 자전거를 타며 연습을 할 수 있는 너비였다. 다음 날 데이브의 보안 카메라에는 트랙을 따라 자전거 연습을 하는 아이의 모습이 기록됐다. 트랙 끝에 트로피를 그리고 '승리를 위해!'라는 문구를 적어넣기도 했다.

데이브가 그린 트랙의 횟수가 많아질수록 아이는 그가 그린 길을 따라가며 점점 더 자전거에 익숙해지는 모습이었다. 영상을 편집해 지난달 17일 유튜브 채널에 게시했다. 이 영상은 온라인상에서 화제가 되며 2일 기준으로 1,078만 회 이상의 조회 수를 기록했다.

누리꾼들은 영상을 접하고는 "나 같으면 내 사유지에서 나가! 라고 소리쳤을 텐데", "어 등의 반응을 보였다. 데이브는 "매일 보안카메라에 알람이 울리자 처음에는 조금 짜증이 났다"라며 "그러나 어느새 내가 알람을 기다리고 있다는 사실을 깨달았고, 코로나19로 인해 따분했던 여름에 생기를 불어넣을 수 있는 일이 떠올랐다"라고 말했다.」

-박수현 〈자신의 차고 앞에서 자전거를 타는 아이를 본 남성…〉

머니투데이, 2020. 9. 2-

저는 이 기사를 통해 데이브라는 사람은 꼰대가 아니고 참 어른이라고 느꼈습니다.

이건 어떻게 하는 걸까? 저것을 내가 하려면 어떻게 해야 할까? 누구에게 배워야 할까? 그것이 새로운 것일 수도 있지만, 평소 자신이 가지고 있는 능력에 조금씩 보태거나 변형만 하면 되는 경우도 많습니다.

시야는 넓게 하기, 시선은 고정하기

저는 '부루마불'이라는 보드게임을 사서 아들이랑 시작했는데 아들이 더하기 빼기 능력이 나아지는 데 도움이 되기도 하였고 아들이랑 같이 할 수 있어 재밌었습니다. 근데 '모두의 마블'이라는 보드게임도 있더라고요. '에이, 부루마불 게임만 해도 재밌어하는데 모두의 마블은 안 해도 될 거야. 더 복잡하고 어려워 보여'라고 생각했는데 막상 해보니 그렇게 어렵지도 복잡하지도 않았습니다. 이 게임도 아내랑 아들이랑 같이 재밌게 하는 게임이 되었어요.

나이가 어린 분들, 어른이라고 무조건 꼰대가 아닙니다. 어른이 쌓아온 경험과 연륜에서 분명히 우리에게 도움이 될 요소들이 있습니다. 문득문득 깜짝 놀랄 때도 있을 거예요. 나이가 많으신 분들은 경청하는 것이 우선입니다. 배우려고 하는 자세가 우선입니다. 꼰대냐 꼰대가 아니냐의 차이점은 여기서 나뉩니다. 여러분은 어른, 어르신인가요? 꼰대인가요? 또 나이 많은 분들을 무조건 꼰대라고 그들의 말을 듣지 않았는지 되새겨 생각해 보시길 바랍니다.

생각하기, 기록하기 그리고 적용하기

1. 현재 존경하는 사람은 누구인가요?

----

2. 위 1번의 이유는?

시야는 넓게 하기, 시선은 고정하기

시야는 넓게 하기

시선은 고정하기

4장 내가 바라는 미래 열기

4-1. 이길 수 없는 것, 피해야 하는 것

낭비한 시간에 대한 후회는 더 큰 시간 낭비이다.
-메이슨 쿨리-

사람은 살면서 여러 가지 난관, 문제, 장애물과 직면할 때가 있습니다. 각각 정도의 무게감과 크기는 다르지만 겪지 않는 예는 없습니다. 보통은 의지와 노력, 끊임없는 시도를 통해 이겨낼 수 있고, 극복해 낼 수 있지만, 결코 정면으로 경쟁하여 이겨낼 수 없는 요소들이 있습니다. 이러한 것들은 만나지 않고 피해 가는 것이 슬기로운 방법이며 이것이 이기는 기술입니다.

그렇다면 피해야만 하는 것은 무엇이 있을까요? 첫 번째, 도박입니다. 비슷한 말로는 노름이 있습니다. 학교에서도 쉬는 시간에 카드놀이를 하고 수학여행을 가서는 화투를 치는 경우가 많았습니다. 지금은 스마트폰으로 접속 몇 번만 하면 스포츠토토나 각종 사행성 도박을 할 수 있는 방법이 많다고 합니다. 도박은 중독성이 매우 강하다는 것이 특징이며 그 위험성이 정말 큽니다. 도박의 형태는 아주 다양해졌지만, 그 악습의 뿌리는 아주 오래되었습니다. 한동신문, 2014년 4월 1일 자에 실린 '도박의 세계'라는 기사에 따르면 도박의 역사는 BC 1,600년까지 거슬러 올라간다고 합니다. 고대 이집트에도 도박이 있었고, 고대 로마는 운명을 점치는 도구로 도박을 이용했다고 합니다. 아메리카 대륙의 원시 벽화에는 도박하는 사람들의 모습이 그려져 있고 우리나라의 경우, 《삼국사기》에 도박이 처음 언급되었다고 합니다. 환경경찰뉴스, 2019년 9월 19일자 기사에는 우리나라 강원랜드 주변에는 담보로 잡혀 먼지 쌓인 자동차와 물건을 담보로 돈을 빌려주는 전당포가 즐비하고 평균 40여 명이 자살한다고 합니다. 많은 프로선수가 스포츠토토 도박의 유혹과 한 번의 참여로 시작하여 바닥까지 떨어진 사람이 부지기수고 다시 스포츠계로 되돌아오는 사람은 한 명도 없습니다. 어떤 모양이라도 도박과 노름은 접하지 말아야 합니다. 누군가 하는 것을 장난삼아 들여다보거나 손을 대서도 안 됩니다. 결코 자신의 의지와 마음으로 이겨낼 수가 없습니다. 치료를 받고도 다시 일상으로 회복되기 어려운 것이 도박입니다. 어떤 사람은 경마에 빠져 가정을 잃고 건강을 잃고 자살을 시도하고, 식도암에 걸려서 항암치료 중에도 경마장을 방문했다고 합니다. 결국 극복해낼 문제가 아니고 피해야만 하고 안 만나 것이 현명한 생각과 마음입니다.

시야는 넓게 하기, 시선은 고정하기

두 번째는 지나친 음주입니다. 조선 후기 실학자인 정약용은 자기 아들이 술을 즐기는 것을 알고 귀양살이를 하면서 편지를 썼습니다. "술맛이란 입술을 적시는 데 있다. 절제하지 못한다면 술을 완벽하게 끊어라."라고요. 저는 술을 마시지 않습니다. 하지만 마신 적은 있습니다. 군대에서 중대장을 할 때 소대장과의 관계 개선을 위해서 술자리를 가졌습니다. 같이 생활 생활하는데 서먹서먹하고 풀어야 할 문제가 있었어요. 그래서 중간 간부 한 명을 포함해서 같이 3명이 술을 마셨습니다. 그때 깨달은 것이 두 가지가 있는데 하나는 '내가 술에 잘 안 취하는구나'라는 사실과 '술로는 마음의 문제를 풀어내지 못한다.'였습니다. 한참 술을 마셨는데 저는 멀쩡한데 소대장은 말을 막하고 옷을 벗어 던지며 불만을 토로했습니다. 그 행동을 저는 똑똑히 기억하는데 다음 날 소대장은 그가 했던 말, 비속어, 고함 등을 다 기억하지 못하더라고요. 관계가 더 어색해졌어요. 사무적으로만 서로 대하다가 소대장이 다른 곳으로 발령되었고 오가며 경례만 주고받는 사이가 되었습니다. 술은 한 잔이 두 잔이 되고 두 잔은 세 번째 잔을 부른다고 합니다. 건강상 한 잔정도 요리에 넣어서 마시는 것은 괜찮으나 자신의 몸을 가두기 힘들 정도로 먹는 것은 위험합니다. 더구나 한국의 음주 문화는 권하고 거절하지 못하며 2차, 3차를 계속 가는 소위 끝장을 보기 때문에 아주 많이 조심해야 합니다. 저는 접하지 말라고 이야기하고 싶지만 정말 필요하고 건강을 위해서는 자신의 주량을 정확히 알고 그 빈도를 아주 가끔 하라는 것입니다. 관계 개선과 분위기를 맞추기 위해서 자신의 몸에 맞게 적정량만을 마시는 것입니다. 만약 술로 인해 실수한 적이 있거나 제정신이 아니었던

적, 자신이 조절하지 못한다면 술은 아예 접하지 않는 것이 **좋습니**
다.

 세 번째, 담배(약물)입니다. 담배는 실제로 세계보건기구가 지정한
마약입니다. 담배의 정의 "마약성 기호품의 한 종류로, 북아메리카 원
산의 가지과(Solanaceae) 식물인 담배 연초(煙草), 혹은 그것을 가공
하고 특수처리를 하여 만든 상품"이라고 되어 있죠. 첫 글자가 마약
이라는 단어로 시작합니다. 담배는 1,600년대 일본으로부터 들어온
이후 조선 후기는 흡연하는 사람이 정말 많았습니다. 그리고 정조 임
금은 담배를 너무나도 좋아해서 담배 때문에 밤잠이 편안해졌다고도
하고 조선을 담배의 나라로 만들겠다고 선포까지 했으며 백성들에게
도 권장하는 글을 지었습니다. (밝혀진 것은 없지만 제 생각엔 '음주
와 담배로 정조는 일찍 죽지 않았나'라고 생각합니다.)
삼성병원 금연 클리닉에서는 흡연에 대해 다음과 같이 말하고 있습니
다.

「1) 4,000여 개의 화학물질이 들어있고 이중 40여 가지는 암을 유발
합니다.
2) 폐암에 걸릴 확률이 높아집니다. 식도염, 구강암, 후두암의 발병률
도 높습니다.
3) 고혈압, 고지혈증, 뇌혈관질환, 관상동맥질환, 복부 대동맥류, 말초
혈관질환과 같은 혈관질환의 주요 위험인자입니다.
4) 담배 연기는 기도뿐 아니라 식도를 통해 소화기관으로도 들어가기

시야는 넓게 하기, 시선은 고정하기

때문에 소화기 전반에 악영향을 줄 수 있으며, 단순한 속쓰림부터 소화기의 암까지 그 종류와 진행 정도는 다양합니다.

5) 담배는 흡연자 본인뿐 아니라 주변 사람에게도 불편감을 주며 간접흡연을 통해 건강을 해칠 위험이 큽니다.」

-http://www.samsunghospital.com/-

또 다른 약물인 스테로이드제는 다음과 같은 부작용이 있습니다.

「많은 보디빌더는 몸을 더 크고 근육이 도드라져 보이게 하려고 약물을 투여하는 사람이 많다고 합니다. 성 기능이 퇴화하고 호르몬의 불균형이 생겨 남성은 여성화가 되고 여성은 남성화가 진행됩니다.」

-박세준 〈스테로이드, 헬스장에서 쓰는 마약〉 주간동아 1177호,
2019. 2. 23-

미국의 사이클 영웅이었고 사상 최초로 7년 연속(1999년~2005년) 투르 드 프랑스를 우승했던 랜스 암스트롱은 고환암을 극복한 영웅이자 모든 찬사와 최고의 운동선수로 추앙받았으나 약물을 투여한 사실이 드러나면서 영구 제명 징계를 받고 모든 기록은 삭제되고 사이클계에서 퇴출이 되었습니다.

미국 메이저리그에서 활약했던 투수, '로켓맨' 로저 클레멘스는 투수가 받을 수 있는 최고의 상인 사이영상을 7번이나 수상하고 24시즌 동안 354승을 기록한 엄청난 선수였습니다. 하지만 그는 약물에 대해 거짓말을 하고 여러 가지 정황상 약물을 복용했던 사실이 드러나면서 그는 존경받는 최고의 투수에서 명예의 전당에도 못 가는 외면받는 선수가 되었습니다.

'내가 조절하면 괜찮아.', '난 아주 적당하게만 할 거야.'라는 안일한 마음과 접근이 빠져나올 수 없는 늪에 들어가게 합니다. 결코, 정면으로 마주하고 대결해서 이겨낼 수 없습니다. 내 마음이 몸이 그것을 극복할 수 없습니다. 중단하고 안 만나야 합니다. 그 환경과 그런 자리에 가지 않는 것이 현명한 것입니다. 피하는 것이 지혜로운 행동입니다. 빙빙 돌아가야 한다 해도 그렇게 하세요. 그래야 인생과 삶에서 좋은 결과물을 낳을 수가 있고 그것을 축적하여 앞으로 나갈 수가 있을 것입니다.

1. 내가 가장 이겨내기 어려운 유혹 거리는 무엇인가요?

----

2. 전에는 유혹 거리였으나 지금은 이겨냈다면 그 방법은?

----

3. 아직도 이겨내지 못한 유혹 거리가 있나요? 이겨낼 방법이 있다면 그것은 무엇일까요?

4-2. 닮아가기와 따라하기의 차이점

어떤 분야에서든 유능해지고 성공하기 위해선 세 가지가 필요하다.
타고난 천성과 공부 그리고 부단한 노력이 그것이다.
-헨리 워드 비처-

저는 농구를 무척이나 좋아합니다. 하는 것도 보는 것도 좋아하고
최근엔 아내가 배려해줘서 교습을 받으러 가기도 했어요. '농구' 하면
마이클 조던이라는 선수를 빼놓고 이야기할 순 없습니다. "NBA는 몰
라도 마이클 조던은 안다."라는 말이 있을 정도로 20세기 스포츠계의
최고의 선수 중 한 명입니다. 이런 마이클 조던이 한 말이 있는데 그
는 "전성기 컨디션으로 지금 NBA 선수들과 1대1 경기를 하면 이길
것 같냐"는 질문에 "다른 선수들은 다 내가 이길 수 있다. 하지만 코
비만큼은 승패를 장담할 수 없다."라는 발언을 하며 "그는 나의 모든
기술을 훔치기 때문이다."라고 이유를 댄 적이 있습니다. 이에 대해
코비는 "옛날엔 모두 당신(조던)의 플레이를 따라 하고 나도 당신을

시야는 넓게 하기, 시선은 고정하기

따라 했지만, 지금은 다들 나를 따라 한다."라는 패기로운 답문을 한 것도 유명합니다. 코비 브라이언트 역시 우승을 5번이나 하고 LA 레이커스에 8번, 24번 두 개의 번호를 영구결번한 아주 대단한 선수입니다. 코비 브라이언트는 조던의 플레이를 따라하기를 넘어 자신의 것으로 만들어 농구계에 큰 획을 긋게 되었습니다. 지금은 코비의 플레이를 보고 연습하고 따라 하는 선수들이 정말 많습니다. 이렇듯 자신이 가야 할 길을 먼저 간 사람의 발자취나 흔적들을 살펴보고 갈 필요는 있습니다. 제2의 제3의 ○○가 되어 결국 제1의 "나"가 되는 좋은 방법이기 때문입니다. 따라하기가 닮아가기가 넘어 결국 성장해 낸 "나"가 되는 것이죠. 하지만 무작정 따라하기는 지양해야 할 태도입니다. '어? 쟤가 이 공부를 하네? 나도 해볼까?', '이 자격증을 따네. 나도 한번 따볼까?', '이 책을 읽는데 나도 읽어볼까?'라는 식의 접근이죠. 이것은 안 해야 합니다.

 면접을 본 적 있습니까? 회사나 기업, 대학교, 고등학교 등 관문을 통과하는 시험으로 면접을 봅니다. 물론 정말 풀기 어려운 압박 질문을 면접관이 하죠.

「10여 년 전 구글에서 본 면접 질문을 다룬 다큐멘터리를 본 적이 있었는데 MBN에서 방영했던 "리치맨"이라는 드라마에서 비슷하게 연출한 장면이 있었습니다. 그 당시 면접 질문이 "골프공 구멍의 개수는 몇 개인가?"라는 질문이었습니다. 드라마에서도 이유찬이라는 넥스트인이라는 회사의 CEO가 강당 같은 곳에서 사람들을 모아놓고 같은 질문을 던지죠. 당시 많은 취업을 준비하는 사람들을 대상으로 같은 질문을 하니 거의 모든 사람이 그것이 몇 개인지를 맞히려고 했었어요. "한 200개?", "한 150개?" 리치맨에서는 누군가 빠르게 스마트폰으로 그 개수를 맞추자 그것을 버스에 채우면 몇 개가 들어갈지 설명해보라고 합니다. 다큐멘터리에서 면접을 통과한 사람의 답변은 달랐습니다. 개수를 맞추는 게 아니라 그 개수를 계산하는 방법과 논리를 설명했었습니다.

"거기 골프공의 구멍이 몇 개일까요?",
"100개"
"왜요?"
"대충"
"나가세요."
"버스에 그 공을 채우면 몇 개가 들어갈까요?"
"10만 개"
"왜요? 스마트폰 찾지 말고 생각을 해보세요. 저를 설득해 보세요. 생각해 보세요."」

-MBN 드라마 〈리치맨〉, 2018-

하지만, 압박 질문만 하는 것 아니라 단골 질문이 있죠. "왜 우리 회사에, 이 직무에 지원했나요?"입니다. 자신의 경험과 체험을 통해 얼마나 준비했는지, 그래서 어떤 기여와 어떻게 발전시킬지를 어필하는 것이 중요합니다. 대신 너무 과하지 않게요. 왜냐하면 조직이나 공동체는 얼마나 잘 조화되고 어울릴지도 중요하기 때문입니다. 제 친구 중에 의류 사업 큰 회사에서 면접관을 하기도 하고 부하 직원도 많은 부서의 간부로 일하는 친구가 있습니다. 제가 물어보았어요.

Q: "면접관으로서 어떤 사람들을 뽑느냐? 그 기준이나 질문은 무엇이냐?"

A: "보통 면접자 중에서 100% 만족할 만한 답을 이야기하는 사람들은 거의 없다."

Q: "그러면 뭘 보고 판단하는데?"

A: "말하는 행동이나 표정 등을 보면서 우리 조직하고 어울릴지를 중점으로 판단한다."

Q: "실력은 있어 보이나 안 뽑는 사람은?"

A: "너무 자기 잘난 맛에 의욕이 넘치는 사람들은 뽑아도 제풀에 꺾여 중도에 나가는 사람들이 많아서 뽑지 않는다.

Q: "그 외 중요하게 보는 요소는?

A: "밝고 의욕도 과하지 않은, 조직에 보탬이 되고 어울리는지를 판단한다.", 또 "사적인 질문도 주로 하는 편인데 일하는 것 외에 주로 하는 다른 것은 무엇인지"에 대해서도 물어본다고 했습니다.

追友江南(추우강남)이라는 말이 있습니다. "자기는 하고 싶지 아니하나 남에게 끌려서 덩달아 하게 됨을 이르는 말"입니다. (참고로 여기서 강남은 서울의 강남이 아니고 중국의 있는 지역을 말함) 남들이 하니까 나도 해야 된다는 마음으로 시작해서 결국 망한다는 뜻입니다.

작은 물건을 하나 살 때도 이것이 나에게 필요한 것인지, 나에게 유용한 물건인지를 판단해서 삽니다. 누가 어떤 신발을 신고, 어떤 옷을 입고, 어떤 모자를 쓴다고 해서 내가 그와 같은 신발을 사서 신고 그 옷을 입을 필요는 없습니다. 나에게 잘 맞고 나에게 어울리는 옷을 사서 입는 것이죠. 집에 나에게 어울리지 않는데 누군가 하니까 따라서 산 후 집안 구석에 마냥 보관하는 물건들이 있을 것입니다. 마찬가지입니다. 나의 관심 분야가 뭔지 알아야 거기에 몰두하고 작든 크든 성과를 낸 결과물과 실패했던 피드백이나 성공적 체험을 어필할 수 있어야 합니다. 그것이 지원한 분야와 관련이 깊고, 일치되면 우리 공동체에 우리 사업에 이바지를 해줄 수 있다고 판단되고 그래야 면접에 뽑힐 수가 있는 것이죠. 근데 많은 사람이 그렇지 않아요. 대학 전공은 전공대로 경험은 경험대로 따로입니다. 나를 위한 흥미, 재능 분야를 찾아다닌 것이 아니라 A가 하니까 나도 하고 B가 하니까 불안한 마음으로 저도 준비를 해본 경우가 많습니다. 우리는 '요새 이건 필수로 갖고 있어야 하는 자격증이래.'의 접근하지 말아야 합니다. 이 자격증은 '내가 진출하고 흥미 많은 분야에서 어떻게 써먹을 수 있겠다'라는 접근이 우리에게 필요합니다. 앞서 이야기한 것처럼 "제2의 제3의 누구인가가 되고 결국 제1의 내가 되는 것"이 필요합니다.

생각하기, 기록하기 그리고 적용하기

1. 내가 가장 닮고 싶은 사람은 누구인가요?

----

2. 위 1번의 이유는 무엇인가요?

----

3. 누군가를 무작정 따라하다가 실패한 사례를 적어보세요.

4-3. 갖춰야 할 습관, 버려야 하는 습관

습관은 나무껍질에 새겨놓은 문자 같아서
그 나무가 자라남에 따라 확대된다.
-새무얼 스마일스-

"습관"에 관한 책도 많고 중요하다고 이야기하는 사람들도 참 많습니다. 좋은 습관을 지녀야 한다고 강조하는 사람도 많고 습관이 소위 말하는 성공으로 이끈다고 이야기합니다. 세계적인 베스트셀러인《성공하는 사람들의 7가지 습관》부터《데일 카네기 1% 성공급관》,《성공하는 사람들의 좋은 습관》,《미라클 모닝》(아침마다 6분만 투자하면 성공하는 6가지 습관)"이란 책도 있고요. 자기 계발 서적은 시중에 나가면 정말 많이 볼 수 있고 인터넷 검색창에 쳐보면 좋은 습관의 중요성, 좋은 습관을 갖는 법 등이 쉽게 찾을 수 있습니다. 또 어떤 전문가는 최소 21일 연속해서 해야 습관으로 시작될 수 있고 66일을 해야 습관으로 체화된다고도 이야기합니다. 좋은 습관 리스트도 있어요. '매일 아침 얼굴 근육 풀기', '잠자기 2시간 전에는 텔레비전

시야는 넓게 하기, 시선은 고정하기

이나 스마트폰 하지 않기'. '하루에 한 번 스스로 칭찬하기', '이웃에게 먼저 인사하기'. '약속 시간 10분 전에 도착하기', '감사일기 5가지 쓰기' 등 인생을 바꾸는 좋은 습관을 알려줍니다. 하지만 이 많은 습관을 내 습관으로 체화시키기가 쉬운 일이 아닙니다. 중요하고 좋은 점, 필요하다는 것 다 알고 있습니다. 행동으로 실천하고 내 것으로 만드는 것은 무척이나 어렵습니다. 한편 나쁜 습관도 있어요. "침대에서 전화기, 태블릿, 컴퓨터 하기", "대화 중 전화기 확인하기", "충동적인 웹서핑하기", "다른 사람 험담하기" 등 나쁜 습관의 리스트도 있습니다. 건강에 관련된 좋은 습관, 나쁜 습관도 있고 일에 관련해서 좋은 습관, 나쁜 습관도 있습니다. 인간관계, 대화에 관련된 좋은 습관, 나쁜 습관도 있습니다. 여러 가지 많은 습관 중에서 저는 내가 흥미 있어 하고 재능을 발휘할 수 있는 분야를 좀 더 풍성하게 하고 열매 맺을 수 있는 습관에 대해 알려주고자 합니다.

그것은 바로 "기록"입니다. 제가 쓴 《마흔, 나는 다시 꿈을 꾸기로 했다》(미다스북스, 2019)에도 인용하고 밝힌 바 있지만 1,000년 동안 인류 역사에 공헌한 100명의 인물 중 1위를 한 사람은 독일의 '요한 쿠텐베르크'라는 사람입니다. 이 사람이 활자를 대량 생산에서 유럽에 전파가 되도록 공헌했습니다. 당시 활판 인쇄술은 성경을 대량 인쇄하여 대중화시켰으며 책의 대량 생산이 가능해서 많은 사람이 책을 접할 수 있게 되었습니다. 신문도 나오게 되었습니다. 이 사람이 아니었으면 모든 책은 누군가 필사하거나 베껴야 책이 되고 신문이 될 수 있었어요. (※세계 최초의 금속활자 인쇄본은 직지심체요절

이니 우리나라가 참 대단합니다.) 기록을 하면 흔적이 남습니다. 기록하지 않으면 흔적이 남지 않습니다. 쉽게 없어진다는 것입니다. 기록을 하는 좋은 방법, 좋은 도구들이 많아졌어요. 태블릿에도 할 수 있고 스마트폰에도 할 수 있고, 메모지에도 할 수 있고, 플래너나 다이어리에도 할 수 있습니다. 카메라로 찍을 수도 있고 컴퓨터나 각종 드라이브에 저장할 수도 있습니다. 어느 것이 좋다 나쁘다 치중할 수 없으나 저는 둘 다를 병행하라고 하고 싶습니다. 자신의 손으로 기록을 하고 글씨로 남기고 사진이나 신문 기사, 도움이 되는 정보들을 스크랩하거나 온라인으로 할 수 있는 것도 하는 것입니다. 좋은 기록, 바른 기록, 훌륭한 기록의 방법들이 많이 나열되어 있고 그 방식들을 배우거나 참고할 수 있지만, 우선은 그 기록을 남길 수 있는 도구들은 되도록 서둘러 찾고 일단, 기록을 시작하라는 것입니다. 그러면서 점점 고치고 좋게 바꿔나가는 것이 중요합니다. 저는 처음에 스프링노트에 기록을 했어요. 책 읽고 후기를 남기는 것도 스프링노트에 신문내용 스크랩도 그 스프링노트에 오려서 붙이기도 했습니다. 그러니 어느 페이지에 어떤 기록을 했는지 찾기가 나중에 찾기가 어려웠어요. 그래서 스프링 바인더를 활용했습니다. 스프링 바인더를 주제별로 나누고 거기에 해당하는 내용을 수기로 적고 스크랩을 하고 나중에 강의 내용으로 활용할 때 찾아서 그것을 강의 자료 화면으로 구성했습니다. 그런데 제가 잘하고 있는지 내용을 검증받기 위해서 블로그를 하기 시작했습니다. 이렇게 기록을 남기는 것이 중요해요. 우선을 시작하세요. 오늘 내가 읽은 책의 후기를 쓴다던가, 자신의 롤모델의 인터뷰 기사를 스크랩한다던가, 사업 계획서를 작성해보거나, 다른 사람의 서평을 읽고 피드백 들을 남기는 것입니다. 내 꿈에 관련된 경험에 대한 계획을 기록하고 그 겪고 난 다음의 후기를 남기는 것도 좋아요. 공부할 때도 기록이 없으면 좋은 점수를 받기 어려운 것 다 아실 거고요. 누가 요약한 거 베끼는 것이 아니라 자신만의 언어와 생각, 표시 들이 남겨있는 필기가 좋은 성적을 동반합니다.

존 브록만은 지난 2천 년 동안의 위대한 발명이라는 책에서 "인류의 위대한 발명품 121가지"를 소개하는데 비행기, 인쇄술, 전기, 컴퓨터, 인터넷 등이 포함되는데 놀라운 발명품 중에 "지우개"가 위대한 발명품으로 뽑았습니다. 지우개가 발명됨으로 인해 기록의 질이 향상되게 되었고 기록이 올바르게 남을 수 있도록 공헌한 것에 대해 위대한 발명품에 지우개가 포함되게 되었다고 했습니다. 저는 지우개도 위대한 발명품으로 선정되었다는 사실에 놀랐습니다. 그리고 충분히 그럴만하다고 느꼈어요. 지우개가 없었다면 기록은 오타와 오류를 고치지 못해 잘못된 사실, 오정보 들이 그대로 우리에게 전달되었을 거니까요.

나쁜 습관을 바꾸는 방법 중 제일 나은 방법은 나쁜 습관의 도구를 바꾸는 것입니다. 수시로 휴대폰 게임을 하는 습관이 있다면 휴대폰 대신 손에 드는 잡히는 것을 다른 것으로 바꿔보세요. 과자 등의 군것질을 많이 하는 습관이 있다면 군것질 대상을 다른 것으로 바꾸는 것입니다. 나를 좋은 환경에 억지로라도 놓이게 하는 것도 하나의 방법입니다. 다이어트를 하는 사람은 야식 전단과 앱을 삭제하고 친구들과의 야식을 먹는 술자리 등도 가지 않는 것이 중요합니다. 책을 보려면 내 방에 책이 있어야 하고 도서관에 가야 합니다. 그런 동아리나 커뮤니티에 가입하는 것도 도움이 됩니다. 직장생활하는 사람 중에 아침에 독서 모임을 하는 공동체도 있고 영어 공부를 하는 모임도 있어요. 거기에 나를 집어넣어서 그들에게 나를 독려하고 같이 끌어가게끔 요청하는 것도 하나의 방법입니다. 보지도 않는 텔레비전을 무심코 계속 틀어놓는다면 과감히 텔레비전을 치우는 것도 방법이 되겠습니다. 이렇듯 나쁜 습관의 요소들을 좋은 습관의 요소들로 채우거나 그 환경을 바꾸는 것입니다.

제 아내는 20년간 교회 새벽예배 반주를 했습니다. 월~금까지 매일 교회에 4시 30분까지 가는 거예요. 토요일은 5시 30분이고요. 명절에도 갑니다. 휴가철에도 갑니다. 공휴일에도 갑니다. 저는 제 아내가 소위 말하는 새벽형 인간인 줄 알았어요. 하지만 코로나19로 인해 2020년 3월 한 달가량 새벽예배 반주가 없던 기간이 있었어요. 근데 우리 아내는 결코 새벽형 인간이 아니었어요. 밤 10시부터 새벽 2시까지 가장 에너지가 발산되고 생활을 활발하게 하는 사람이었어요. 20년간 예배 반주라는 환경에 자신이 맞춰간 것이었습니다. 이렇게 환경과 틀에 놓이게 되면 사람이 그에 따라 행동이 움직이게도 되더라고요. 여러분도 원하는 목표치가 있다면 자신의 의지를 행동으로 옮겨줄 환경적 틀을 찾아보시길 바랍니다.

내 머리와 익숙함을 믿고 기록하지 않거나 흔적을 남기는 일을 소홀히 하는 잘못을 범하지 않길 바랍니다. 자신의 기록을 통해 좀 더 나은 방향으로 가는 요소들을 찾고 자신의 아쉬움과 실수를 왜 그랬는

시야는 넓게 하기, 시선은 고정하기

지도 기록으로 남기고 계속해서 기록을 통해 자신의 흥미와 재능에 관련된 경험과 체험을 풍부하게 만들기를 응원합니다.

생각하기, 기록하기 그리고 적용하기

1. 내가 가장 갖고 싶은 습관과 이유는 무엇인가요?

---

2. 내가 가장 고치고 싶은 습관과 이유는 무엇인가요?

> ## 4-4. 하고 싶은 것, 할 수 있는 것,
> ## 해볼 수 있는 것, 해야만 하는 것.
>
> 절대 허송세월 하지 마라. 책을 읽든지, 쓰든지, 기도를 하든지,
> 명상을 하든지, 또는 공익을 위해 노력하든지, 항상 뭔가를 해라.
> -토마스 아 켐피스-

 내 삶을 살아가는 데 있어서 業이라는 것을 4가지로 채워갈 수 있다고 생각합니다. 제목에 썼다시피 하고 싶은 것, 할 수 있는 것, 해볼 수 있는 것, 해야만 하는 것이 바로 그 네 가지입니다.

 아이들에게 가장 원하고 우선으로 두는 것은 "하고 싶은 것"입니다. 내가 정말 하고 싶은 것은 무엇인가? 일의 정의는 "무엇을 이루거나 적절한 대가를 받기 위하여 어떤 장소에서 일정한 시간 동안 몸을 움직이거나 머리를 쓰는 활동. 또는 그 활동의 대상"이라고 하는데 장수하고 건강하게 사는 어르신들은 끊임없이 활동하고 일을 하는 분이었어요. 그것이 아주 작고 적은 일이라도 자신의 행동과 생각을 통해 가정과 사회에 아주 조금씩이라도 공헌과 이바지하고 있다는 점입니

다. 내가 좋아해서 흥미로워서 하는 것이 우선으로 정해지고 그것을 이뤄갔으면 하는 바람이 가장 큽니다. 하고 싶은 것, 하고 싶은 일을 하는 것으로 삶을 채워가는 것이 가장 원하는 바입니다. 이것을 해도 중간마다 스트레스가 있고 고난과 역경이 있고, 생각하지 못한 장애물들이 생깁니다. 그런데도 이것들을 극복하고 이겨낼 수 있는 이유는 이건 내가 하고 싶은 것이기 때문입니다. 좋아서 하는 것이고 즐거워서 하는 일이기 때문이죠.

그다음에는 "할 수 있는 것"이 있습니다. 사람은 어떤 일이든 어느 정도 할 수 있습니다. 배우고 익히기만 하면 성과를 낼 수 있는 능력을 누구나 갖고 있습니다. 학교에 다닐 때 여러 가지 과목을 다양하게 배웁니다. 하지만 조금씩 성과를 낼 정도로 다 해낼 수가 있습니다. 하지만 내 관심 밖의 일이고 내가 흥미를 느끼지 못하는 일인데 그저 할 수 있는 것이라고 해서 내 業으로 삼을 수는 없습니다. 직장에서는 한번 들어오면 공동체와 부서에 공헌하고 장기간 일해줄 사람을 뽑습니다. 하지만 할 수 있다고 들어온 사람 중에 장기간 일을 하는 사람은 드물어요. 왜냐하면 거기에서 오는 이득과 대가가 맞지 않다고 느끼기 때문입니다. 길치인 사람에게 운전직을 맡기고, 무대 공포증이 있는 사람에게 전체 시연 브리핑을 맡게 된다면 어떻게든 할 수는 있겠지만 그것을 계속해서 길게 장기적으로 할 수는 없습니다. 어떻게든 피하고 싶고 안 하고 싶은 방법을 찾을 거예요. 대신해서 해줄 수 있는 사람들을 물색하기 바쁠 겁니다. 할 수 있는 것은 내 業이 되는데 충분한 조건이 되지 못합니다.

시야는 넓게 하기, 시선은 고정하기

세 번째는 "해볼 수 있는 것"이 있습니다. 이 부분은 시대와 사회의 흐름이라는 초점과 맞추어서 생각해 볼 수 있습니다. 우리는 직업에 관련된 공부를 짧게는 2년, 4년, 대학원까지 하면 약 6~7년 공부를 합니다. 보통 대학 4년이라고 예를 들어볼게요. 그러면 4년 동안 공부한 것을 두고 몇 년을 활용하고 소위 말하는 써먹을 수 있을까요? 극단적으로 보면 한 개도 못 써먹고 있을 수도 있어요. 전공과는 관련 없는 일을 하고 있을 수도 있으니까요. 하지만 시간이 흐르고 사회가 변화함에 따라 거기에 주도하진 못하더라도 순응하며 발맞추어 계속해서 배워가야만 합니다. 2020년 2월 말부터 코로나19라는 바이러스로 인해 사회가 송두리째 바뀌었습니다. 학교를 예로 들어보겠습니다. 아이들은 학교에 못 가게 되었고, 선생님은 아이들이 없는 곳에서 수업을 진행해야 했어요. 출근을 못 하고 집에서 일하거나 하던 일이 끊기고 사람들의 생활 반경이 완전히 바뀌었습니다. 그렇다고 이 상황이 사태가 지나가기만을 무작정 기다려야 할까요? 그렇지 않습니다. 화상으로 수업을 하는데 그것을 조작하는 기술을 익혀야 하고 아이들도 따라서 온라인으로 접속을 해야 했습니다. 그렇다고 등교를 할 수 있을 때까지 기다릴 수만은 없죠. 선생님은 온라인 화상 수업하는 방법과 기술을 배우고 연습해서 능숙하게 되도록 해야 하고 아이들은 무리 없이 접속해서 학교 수업을 받아야 합니다.

네 번째는 "해야만 하는 것"이 있습니다. 자발적으로 하지만 흥미와 재미가 없어도 해내야만 하는 일입니다. 데이비드 고긴스라는 사람을 알아보겠습니다.

「미국 해군, 육군, 공군 선발 훈련을 모두 통과하고 울트라마라톤과
철인 3종 경기에서 우승했으며 24시간 동안 턱걸이 4,025회를 한
데이비드 고긴스 라는 사람이 있습니다. 이는 군인이 되어서 여러 전
투에 참전했지만 2005년 돌연 전역을 했다. 그리고는 2005년 아프
가니스탄 작전 도중 숨진 전우가 마지막으로 입은 티셔츠를 입고 마
라톤 대회에 참가했다. 그는 그 후 그 상금을 전우의 자녀들에게 전
달했다. 그리고 더 많은 자녀를 지원하기 위해 턱걸이 모금 이벤트를
준비했고 그의 도움을 받아 대학을 졸업한 자녀는 200여 명에 달한
다. 심지어 그는 마라톤에 도전하기 전까지 달리기를 아주 싫어했던
사람이었다. 그가 한마디를 했다. "나는 힘들 때 멈추지 않아요. 내가
끝냈다고 생각할 때 멈춥니다."라고」

-백예리 〈아무도 도와주지 않았다는 게 가장 큰 도움이었다〉

이코노미조선 285호, 2019. 1. 28-

데이비드는 잘하는 것도 아니고 심지어 싫어했던 일을 해야만 했고
해내고 있습니다. 가장 가치가 높다고 할 수 있어요. "해야만 하는
것" 이것이 성취감이 가진 허무함과 공허함이라는 문제를 해결해 줄
수 있는 열쇠가 될 수 있습니다. 그는 전우의 자녀를 도와야 한다는
책임감에 마라톤을 시작했습니다. 꿈에도 나타나는 전우를 위해 뜻있
는 일을 하기로 한 것, 전우들의 자녀를 도와야겠다는 결심이 그를
해야만 하는 일로 이끈 것입니다. 그는 비만이었고 어릴 때는 천식
환자였으며 심한 운동을 하면 쉽게 피로해지는 낫적혈구성향 환자였
다고 합니다. 심지어 달리기, 자전거도 싫어하는 그가 전우의 자녀를

시야는 넓게 하기, 시선은 고정하기

돕겠다는, 해야만 하겠다는 결심이 그를 그 모든 고통을 감내토록 한 것입니다.

사분면으로 그려보고 각각 자신의 흥미와 능력대로 점을 찍어 보세요.

하고 싶은 것   할 수 있는 것

                                             ② | ①
──
                                             ③ | ④

해야만 하는 것   해볼 수 있는 것

우리는 누가 말하지 않아도 2번과 3번 분면에 점이 찍히고 그 삶의 방향이 그쪽으로 모여야 한다는 것을 알 수 있습니다. 여러분의 순간순간 1분 1초가, 하나씩 한 점씩 모여서 결국에는 위 그림의 2번, 3번으로 찍혀지고 모이길 간절히 바랍니다.

생각하기, 기록하기 그리고 적용하기

1. 내가 가장 하고 싶은 일은 무엇인가요?

----

2. 내가 할 수 있는 일은 무엇인가요?

----

3. 내가 해볼 수 있는 일, 내가 해야만 하는 일은 무엇인가요?

시야는 넓게 하기, 시선은 고정하기

4-5. 우리나라의 N잡人

인생이 끝날까 두려워하지마라.
당신의 인생이 시작조차 하지 않을 수 있음을 두려워하라
-그레이스 한센-

아들에게 위인전을 읽어주곤 했습니다. 지금은 혼자서도 책을 곧잘 읽지만, 전에는 무릎 사이에 앉혀서 책을 읽어주곤 했는데 책을 읽으면서 저 스스로 인사이트를 얻는 경우가 많았습니다. 위인전을 읽으면서 깨달은 점 중 가장 큰 부분은 한 사람이 여러 직업을 가졌거나 직업을 거쳐 갔다는 것이고 원하는 분야를 이룬 후에도 여러 직업을 또 가졌었다는 사실이었습니다. 우리나라 위인뿐만 아니라 다른 나라 위인들도 마찬가지였습니다. Njob(N잡人)이라고 부르려고 했더니 이미 사용되고 있던 말이었습니다

N잡이란, 국어사전에 따르면 "다수를 뜻하는 알파벳 'N'과 직업을 뜻하는 영어단어 '잡(job)'의 합성어"라고 정의합니다. 비즈투데이

2021년 1월 22일자 기사를 보니 "N잡이란 단어가 등장한 지는 오래 됐지만, 요즘만큼 N잡이 피부로 와 닿는 시기는 없었다."라고 써있습니다. 즉, 방식과 형태는 각각 조금씩 달랐지만 앞서 말한 중요한 공통점이 있었습니다. 예전부터 N잡을 하는 사람이 있었고 지금도 우리 주위에 많다는 것입니다. 그래서 대한민국 대표적인 N잡人을 알아보고자 합니다.

첫 번째 인물은 정약용입니다. 정약용은 조선 후기 실학자라고 역사 시간에도 배우고 설명합니다. 그는 천주교의 신앙적 자세가 걸림돌이 되어 비판받고 유배하게 되었습니다. 유배를 가기 전에 그는 한강에 배다리를 준공시켰고 수원성을 설계하였습니다. 도르래 원리를 이용한 거중기를 만들었습니다. 이미 그는 과거에 급제하여 벼슬을 하는 정조의 총애를 받는 사람이었는데 배다리를 만드는 등, 과학적, 기술적 분야에도 매우 뛰어난 업적을 남겼습니다. 그는 유배 시절 책을 저술하였는데 무려 500여 권의 책을 썼으며 그가 쓴 책의 분야는 정치 분야뿐만 아니라 경제, 농업, 상업, 공업, 천문, 지리, 의학, 등 그 분야가 엄청나게 방대하고 다양하며 내용 또한 전문적입니다. 예를 들면 의학적으로는 천연두로 사람들이 아기 때 죽자 우리나라 최초로 종두법을 연구하고 천연두 예방법을 보급하고자 했습니다. 그는 부자의 것을 덜어서 가난한 이들을 돌보는 데 써야 한다는 애민(愛民) 사상을 가진 복지가였으며 「경세유표」를 씀으로써 국가경영에 관한 모든 제도 법규에 대해 기준이 되도록 적은 법률가이기도 했습니다.

시야는 넓게 하기, 시선은 고정하기

「정약용은 당시 최고의 사상가이지, 정치가, 행정가, 의사, 지리학자, 과학자였고 자식들에게는 자상한 아버지이자 올바른 길을 전하는 스승이었다고 했습니다. 다산은 강진에 머무는 동안 약 500여 권에 달하는 책을 저술했다. 그는 철학사상, 역사, 지리, 과학, 의학, 공학 등 너무도 광범위해서 이루 헤아릴 수 없는 다양한 장르를 넘나들면서 쓰고 또 썼다.」

-정약용 《아버지 정약용의 인생 강의》 홍익출판사, 2020-

어쩌면 역사적으로 볼 때 그가 유배하여서 그곳에서 연구하고 집필한 것이 우리 후손에게는 더 나은 결과물과 흔적들을 남기게 하지 않았나 싶습니다.

두 번째 인물은 석주명 박사입니다. 위키백과와 나무위키에 검색해 보면 "석주명(石宙明, 1908년 10월 17일 ~ 1950년 10월 6일)은 대한민국의 나비 연구가, 생물학자, 곤충학자, 동물학자, 언어학자, 박물학자, 제주도 연구가, 중등교사, 대학 교수, 저술가이다."라고 나옵니다. 그는 우리나라 대표적인 나비 연구가이지만 그와 더불어 생물, 곤충, 동물, 언어, 박물, 제주도를 연구한 사람이고 각 분야의 전문가입니다. 나비를 더 연구하고 잘 알기 위해 나머지 부분도 더불어서 공부하고 연구하여 전문가가 된 것이죠. 나비라는 "1"을 위해서 1이 더 깊이 있고 더 커지기 위한 노력을 하다 보니 생물, 곤충, 동물 같은 2, 3, 4 등을 알게 되었고 그 분야에서도 한 획을 그은 것입니다. 그는 나비에 관해 아주 큰 업적(국내 대부분의 나비 이름을 지었고 한국의 나비들 총 목록을 작성한 조선산 접류 목록을 1940년에 출간하여 세계적으로도 공헌함)을 남겼지만, 제주도 방언집이나 제주도의 생명 조사서 같은 당시 생소한 지역 제주도에 관해서도 잘 아는 사람이었습니다. 그가 한국전쟁 중 오인으로 인해 총살당한 나이가 41세였습니다. 너무도 젊은 나이에 큰 업적을 이룬 것입니다.

세 번째는 業으로 살펴볼까요? "싱어송라이터(Singer-songwriter)"라는 직업이 있습니다. 작사가와 작곡가와 가수를 겸하는 사람을 말합니다. 편곡, 악기 연주, 믹싱, 프로듀싱도 합니다. 자신이 부를 노래만 작사하고 작곡하는 것이 아니라 다른 가수들에게 곡을 써 주기도 합니다. 더 나아가 콘서트를 할 때는 무대연출도 하고 조명, 의상, 지휘 등도 하며 시나리오를 짜는 경우도 있습니다. 지금이라도 텔레비전을 틀면 자주 볼 수 있습니다. 옛날에는 노랫말을 써주는 사람이 따로 있고 작곡을 해주는 사람이 따로 있고 곡을 받으면 노래를 하는 사람이 구분되어 있었습니다.

"음악치료사"라는 직업도 살펴볼까요? 음악치료사 협회에 따르면 음악치료사란, "도구를 사용하여 치료 대상자의 행동, 즉 자신감, 사회성, 대인 관계 능력, 운동력, 학습 능력, 정서적 발달 등 사회생활과 관련된 다양한 부적절한 행동들을 교정하여 내담자가 더 나은 삶을 영위할 수 있도록 돕는 사람"이라고 정의합니다. 악기를 연주하는 능력이나 노래같은 "예술"에 속하는 단어와 "치료"라는 과학에 속한 단어가 합쳐진 것입니다. 예전에는 없었던 직업인데 현재는 각광을 받는 직업 중 하나입니다. 음악치료사가 만나는 사람들은 아동부터 어

시야는 넓게 하기, 시선은 고정하기

르신까지 연령대가 다양하고 발달 장애, 신체 장애, 학습 장애, 치매 환자 등 그 범위도 굉장히 큽니다. 그룹으로 진행하기도 하고 가족이 받기도 합니다. 이렇게 여러 개의 직업이 합쳐져 또다른 하나의 직업이 되는 경우도 있습니다.

공통으로 봤을 때 자신이 주력한 부분도 있지만, 그것을 더 풍성하고 더 깊이 있게 하려면 다른 분야에서도 큰 노력을 하고 업적을 남겼다는 것을 우리는 알 수 있습니다. 물론 한 가지를 발견하고 그것을 인생 통틀어 노력하여 나라와 사회에 크게 이바지하는 예도 본이 되는 모습이기도 하지만 제가 강조하는 초점은 우리가 여러 가지를 다양하게 확산하며 이뤄나갈 수 있다는 것입니다. 하나를 위해 다른 하나를 포기하거나 못한다고 안 된다고 하는 생각과 고정관념을 버리라는 것입니다. 우리가 할 수 있다면 할 수 있는 것입니다. 사례가 없어요? 여러분이 사례가 되면 됩니다. 그런 직업이 없어요? 여러분이 그 직업의 1호가 되세요. 가능합니다. 그것은 됩니다.

1. 내가 아는 우리나라 N잡人은 누가 있나요?

----

2. 위 1번의 N잡人은 무슨 일들을 하였고 하고 있나요?

4-6. 다른 나라의 N잡人

재능이 있거든 가능한 모든 방법을 사용하라. 쌓아 두지 마라.
구두쇠처럼 아껴쓰지 마라. 파산하려는 백만장자처럼 아낌없이 써라.
-브랜단 프란시스-

천재란 누구이며 그 기준은 무엇일까요? 멘사 회원 중 IQ가 가장
높은 사람이 천재일까요?

2007년 11월, 영국의 과학전문지 Nature에서 인류 역사를 바꾼 세
계의 천재 10명을 발표한 적이 있습니다. 과학전문지이기 때문에 당
연히 과학자를 1위에 뽑을 것이라는 모두의 예상을 뒤엎는 결과였습
니다. 역사상 가장 창의적인 융합형 인재로 평가된 사람들, 이들이
정한 '10위권'은 다음과 같습니다.

10위: 알베르트 아인슈타인, 9위: 피디아스(아테네의 건축가), 8위:
알렉산더 대왕, 7위: 토머스 제퍼슨, 6위: 아이작 뉴턴, 5위: 미켈란

젤로, 4위: 요한 볼프강 폰 괴테, 3위: 피라미드를 만든 사람들, 2위: 윌리엄 셰익스피어, 1위는 레오나르도 다빈치입니다. 많이 알려진 대로 그는 〈최후의 만찬〉, 〈모나리자〉 등을 그린 화가인가 하면, 헬리콥터와 잠수함 설계도를 비롯해 수많은 발명품을 남겼습니다. 위키백과에 그의 직업란에는 화가, 기술자, 천문학자, 철학자, 해부학자, 수학자, 조각가, 박식가, 건축가, 토목 공학자, 외교관, 발명가, 작곡가, 시인, 음악가, 물리학자, 생리학자, 식물학자, 화학자, 동물학자, 풍자화가까지 무려 21가지나 됩니다.

그를 대표적인 르네상스형 인간이라고 부르는데 어떤 한 가지만을 선택하기보다 다양한 관심사를 추구하는 사람이라고 정의하고 있습니다. 즉 다방면의 관심을 바탕으로 여러 방면에서 재능을 발휘하는 사람을 말합니다. 물론 이 책의 독자들에게 다빈치 같은 사람이 되라고 이야기하는 것은 아닙니다. 다양한 관심사를 갖는 태도와 자세부터 시작하는 것이 좋다는 것을 강조하고 싶은 것입니다. 여러분에게 천재가 되라고 하는 것은 아니고요. 어떤 분야나 경험에 지레 겁먹고 단념하거나 시도하지 않는 우(愚:어리석음)를 범하지 않길 바라는 것입니다.

두 번째 인물은 벤자민 프랭클린입니다. 나무위키 첫 줄에 따르면 그는 정치인(미국 건국의 아버지 중 한 명), 인쇄공, 외교관, 과학자, 발명가, 언론인, 사회활동가, 정치철학자, 사업가, 독립운동가, 스파이 등 온갖 직업들을 다 겸해 자수성가한 미국인의 원조 격이라고 적혀 있습니다. 대통령은 아니었지만 2021년 1월 취임한 미국 바이든 대통령이 집무실에 액자로 걸어놓을 만큼 미국 건국에 이바지(헌법의 초안을 작성, 미국 독립선언서에 서명자 중 1인)한 사람입니다. 어렸을 적에는 연을 날려 번개를 통해 피뢰침을 발명했고 번개의 정체는 전기라고 밝혀낸 과학자로만 알았었는데 그는 그 이상으로 훌륭한 삶을 살았던 인물입니다.

 그는 13가지 덕목으로 삶을 살았던 것으로도 유명합니다.

「13가지 덕목 (절제: 배부르도록 먹지 말 것, 취하도록 마시지 말 것, 침묵: 타인에게 이익을 주는 말만 하고 하찮은 대화는 피할 것, 규율: 모든 물건은 제자리에 두고 일은 모두 때를 정해서 할 것, 결단: 해야 할 일은 결심하며 게을리하지 말고 실행할 것, 절약: 자타에 이익을 주는 일에 돈을 사용하되 낭비하지 말 것, 근면: 시간을 낭비하지 말 것, 유익한 일에 종사하고 무용한 행위는 끊어 버릴 것, 진실: 사람을 속여 해치지 말 것, 모든 언행은 공정하게 할 것, 정의: 남에게 해를 주지 않으며 해로운 일을 하지 말 것, 중용: 극단을 피할 것, 내게 죄가 있다고 생각하거든 남의 비난과 불법을 참을 것, 청결: 신체, 의복, 주택에 불결한 흔적을 남기지 말 것, 평정: 사소한 일, 보통 있는 일, 피할 수 없는 일에 침착함을 잃지 말 것, 순결: 건강과 자손을 위해서만 성교를 할 것, 겸손: 예수와 소크라테스를 본받을 것)」

-배현정 〈'작심삼일'을 '작심삼년으로'〉 머니위크, 2012. 12. 30-

그리고 이 덕목들을 이것을 실천했는지 못했는지 60여 년이 넘도록 기록을 했습니다. 이것은 현대인이 목표를 성취하고 균형 잡힌 삶은 살도록 도와주는 프랭클린 플래너로 계발(啓發)이 되었고 지금까지도 큰 영향을 주게 되었습니다.

세 번째 인물은 알렉산드르 알렉산드로비치 류비셰프입니다.

「82세로 죽을 때까지 70권의 학술 서적을 발표하고 단행본 1백 권 분량에 맞먹는 1만2천5백 쪽의 논문과 연구자료를 남겼습니다. 그는 곤충학자였지만 진화론, 수리생물학(실험과 관찰을 통해 얻은 자료들을 토대로, 생물학상의 이론을 세우는 데 목적을 두고 있는 생물학의 한 분야), 유전학, 식물학 등에 큰 발자취를 남겼으며 역사학자였고 철학가이기도 했습니다. 그는 산책 중에 곤충채집을 했고 회의 중 틈나는 대로 수학 문제를 풀었습니다. 피로하면 휴식하고 예술가보다 문학 작품을 더 많이 읽었습니다. 더 많은 음악 공연을 보고 들었습니다. 그는 10시간 정도로 잠을 자는 생활을 했지만, 시간을 아주 철저하게 사용을 하였습니다. 매일 사용하는 시간을 꼼꼼히 기록하기로 했습니다. 노트를 준비해 사용한 시간을 꼼꼼하게 기록합니다. 시간통계 노트라고 불렀습니다. 회계장부를 기록하듯 매일 자신이 사용한 시간을 계산하고 기록합니다. 연구 도중 서재에 들어온 딸과 대화하는 시간도 기록에 남깁니다. 버스·기차 타는 시간, 회의 시간, 줄을 서 있는 시간조차도 셈을 합니다. 출장이 있으면 책 목록을 정한 뒤 출장지에 미리 부쳐 놓을 정도로 철저했습니다. 중요한 것은 이렇게 쌓은 시간 기록을 매달 말 합산했으며 연말에는 이를 다시 결산했습니다. 5년 주기로 자신이 사용한 시간의 통계를 내고 분석했으니, 류비셰프는 실로 자신에게 주어진 시간을 치열하게 관리했고 자기에게 주어진 1분 1초에 의미를 부여했습니다. 시간을 사랑하고 아꼈으며 시간 앞에 경건한 삶을 살았습니다.」

-조신영 〈시간을 지배한 사나이〉 경북매일, 2016. 5. 1-

 자신이 좋아하고 진출하고자 하는 분야가 있다면 그것이 매우 다양하고 여러 가지 모양으로 펼쳐질 수 있다는 사고방식을 늘 갖고 있길 바랍니다. 별을 보고 관찰해서(천문학) 그것을 그림으로 그려내고(화가), 그것을 아이들이 이해하기 쉬운 작은 규모의 소우주처럼 만들고 (발명가), 거기에 대한 각종 계산과 원리를 알아내는 (수학, 물리학) 형태를 말하는 것입니다. 그렇게 사고하고 그렇게 시작하고 그렇게 접하다 보면 보다 자신이 집중해야 할 분야와 그것을 더욱 빛나게 해 줄 다른 재능이나 주제들이 접목될 것입니다. 기록으로 남겨서 잘 된 점을 찾고 잘 안된 점이 있다면 고칠 수 있도록 그 근거로 삼으시기를 바랍니다. 어느 날은 마인드맵으로 그려서 표현을 남겨도 좋고 어느 날은 일기를 써도 좋습니다. 처음에는 접목되고 융합되는 그것이 잘 안 되기도 하고 어렵기도 할 것입니다. 시간이 흐르면서 더 나아지는 방향으로 결과물을 남긴다면 어느 순간 성장하고 커버린 자신의 모습을 발견케 될 것입니다. 다양하게 표현하고 나만의 새로운 길을 개척해보겠다는 의지를 갖는 것이 중요합니다. 시야를 넓히는 것이 중요하고 그래서 행동으로 실천해 옮기는 것이 중요합니다. 그것을 여러분이 하실 수 있습니다.

생각하기, 기록하기 그리고 적용하기

1. 내가 아는 다른 나라 N잡人은 누가 있나요?

----

2. 위 1번의 N잡人은 무슨 일들을 하였고 하고 있나요?

시야는 넓게 하기, 시선은 고정하기

시야는 넓게 하기

시선은 고정하기

5장 내가 원하는 미래로 이뤄가기

5-1. 오늘 하루 한 뼘 전진하면 잘한 것입니다.

정말 좋아하고 사랑하는 일과 잘 할 수 있는 일의
교집합을 찾아 집중하세요.
-마이클 허치슨-

여러분 NBA를 아시나요? 미국 프로농구를 의미하는데 현재 가장
뛰어난 실력을 갖춘 선수는 르브론 제임스라는 선수입니다. 정말 잘
하고 괴물 같은 선수입니다. 하지만 르브론 제임스의 팀도 지는 경기
가 있고 그 선수도 잘못하는 날도 있어요. 그는 훌륭한 선수이지만
완벽한 선수는 아닙니다. 농구는 5명이 하는 경기인데요. 농구를 좋
아하는 사람들은 재미로 '완벽한 선수라면 어떤 선수일까?'라는 앙케
이트 조사를 합니다. 샤킬 오닐의 파괴력과 르브론 제임스의 몸, 스
테판 커리의 3점 슛과 카이리 어빙의 드리블, 카와이 레너드의 수비
력 등을 갖춘 선수라고 하죠. 하지만 이런 선수는 없습니다. 가수로
치면 소향의 가창력과 이효리의 무대 매너, 배윤정(안무 트레이너)의
춤, 김이나의 작사 능력, 유희열의 피아노 연주를 갖춘 사람인데 그

런 가수는 없다는 것입니다. 그런 사람은 없어요. 각자 사람마다 가지고 있는 흥미와 재능이 제각각이라는 것입니다. 그렇다고 남이 가지고 있는 실력과 재능을 비교해 보면서 자신을 비관하거나 낙담만 할 것입니까? 그럴 순 없습니다. 분명히 말하지만, 사람은 한 가지 이상 재능을 가지고 태어납니다. 위에 소개된 선수 중에서 스테판 커리라는 선수는 NBA 농구 선수치고는 키도 작고 근육도 많지 않은 체격을 갖고 있어요. 선수 생활 초반에는 발목 부상도 많아서 그는 경기에 많이 투입되지도 못했습니다. 하지만 그는 3점 슛을 엄청나게 잘 넣는 선수가 되어서 우승도 하고 만장일치 MVP를 탄 선수가 되었습니다. 3점 슛을 많이 넣으면서 점수 기록뿐만 아니라 어시스트나 스틸을 통해서도 경기에서 이기는 데 공헌을 하는 선수가 되었어요. 유명하진 않지만 카일 코버라는 선수는 한국 나이로 40살의 선수인데도 현역으로 뛰는 선수입니다. 2003년도에 데뷔를 하고 아직도 선수 생활을 하고 있어요. 같이 활동하던 선수 중에는 현역인 선수가 거의 없지요. 그 또한 3점 슛 하나로 올스타로 선발되고 미국 국가대표가 되었어요. 단일 시즌 최고 성공률을 기록도 한 선수입니다. 평범해 보이는 체격과 신체이지만 그도 훌륭한 선수입니다. 너무 농구를 예로 들어서 미안한 생각까지 드는데 제 이야기는 누구든지 그 분야에 이바지하고 공헌할 수 있는 재능과 능력을 갖추고 있다는 것입니다.

우리는 어디에 어떻게 집중하며 살아야 할까요? 꿈의 성취는 도착점이자 또 다른 새로운 출발점입니다. 그 도착점까지 도달하는 것도 노

시야는 넓게 하기, 시선은 고정하기

력을 많이 해야 하지만 도착한 후 새로운 출발하는 것도 고려해야 합니다. 그래서 꿈이라는 것을 아래와 같이 생각해 볼 필요도 있죠.

「제 인생 최고의 목적이 20억을 버는 거였어요. 제 꿈은 20억을 버는 것이라고 이야기하고 다녔습니다. 근데 25살 때 이뤄버렸어요. '만족하면서 살아?', '다른 것을 해봐?' 그래서 다음 꿈을 생각했어요. 'K-POP를 최초로 진출시키자.'라는 목표를 세웠어요. 근데 월스트리스 금융 사태가 터졌어요. 음반시장이 다 취소가 되었어요. 5년 동안 온갖 노력을 했는데 운동선수가 경기를 해보지도 못하고 취소된 느낌을 받았어요. '왜?'라는 물음을 갖고 1년 동안 고민을 했는데 내 꿈이 잘못되었다는 깨달음을 얻었어요. "I want to be (   )." 이 문장은 이루어지면 허무하고 안 이루어지면 슬퍼요. 답이 아니에요. "I want to live for (   )." 라고 바꿨어요. 나는 무엇을 위해 살고 싶다. 전자는 수단이 되고 후자는 꿈이 돼요. 인생 전체를 바칠만한 가치가 무엇인가? 후자 빈칸에 들어갈 단어를 찾아야 해요.」

-SBS 〈집사부일체 '박진영'〉 2019. 3. 17-

제가 좋아하고 역사 공부를 하는 데 큰 도움을 주신 최태성 이란 선생님이 계세요. 직접 뵌 적은 없지만, 이 선생님의 2013년도 EBS 무료로 제공되는 강의를 통해 한국사능력검정시험 3급을 땄고 2020년에는 유튜브에서 무료로 제공되는 강의를 통해 한국사능력검정시험 고급을 따게 되었어요. 그 외에도 역사에 대해 관심을 많이 갖게 해

주셨습니다. 이 선생님께서 쓰신 《역사의 쓸모》라는 책을 보면 유명한 학원에서 이 선생님을 스카우트하려고 할 때 백지수표를 받을 만큼 금액적으로 크게 제안을 받은 적이 있다고 했습니다. 하지만 선생님은 그 제안을 정중히 거절했다고 했어요. 자신이 추구하는 교육의 가치와는 맞지 않다는 이유로 말이죠. 내가 가르치는 이 역사의 내용은, 더 보편적으로 많은 사람이 공평하게 받는 것이 내가 역사를 가르치는 이유 중 하나라고 했습니다. 강의 도중 그는 이렇게 말한 적이 있습니다.

「여러분의 꿈은 무엇입니까? 지금 왜 공부를 하세요? 나의 꿈은 변호사가 되는 거예요. 나의 꿈은 의사가 되는 거예요. 좋습니다. 그런데 여러분 착각하지 마세요. 그건 여러분들의 꿈이 아닙니다. 그건 직업일 뿐이에요. 꿈은 명사여선 안 됩니다. 꿈은 동사여야 해요. 내가 CEO가 되어 뒤에 오는 사람들을 이해서 내가 무엇을 할 것인지 이야기를 할 수 있는 게 여러분의 꿈이어야 합니다. 내가 검사가 되어서 불의를 위해 무엇을 할 것인지를 이야기하는 것이 꿈이어야 합니다. 동사의 꿈으로 여러분의 꿈을 장착하세요. 고3 여러분 바쁘실 것입니다. 힘드실 거예요. 하지만 그 바쁘고 힘든 과정에서도 내가 왜 사는지, 내가 왜 공부하는 건지, 나는 누구인지를 한번 생각해 봤으면 좋겠어요. 많은 시간이 도와주지는 않을 겁니다. 이 한국사만이라도 한국사에 있는 많은 사람이라도 만나면서 한 번쯤은 고민할 수 있는 시간을 가져보셨으면 좋겠습니다.」

-최태성 《역사의 쓸모》 다산초당, 2020-

여러분이 인생을 살면서 추구하는 가치가 무엇입니까? 그 목표가 무엇입니까? 그것에 가까이 가기 위해 오늘 무엇을 했나요? 오늘 하루 그것을 달성하기 위해 한걸음 전진하셨습니까? 나만의 목표, 나만의 삶인가요? 분명히 내가 기여하고 도움을 줄 분야가 있을 것입니다. 사람도 있을 것입니다. 그것이 작든 크든 상관없이 말이죠. 여러분의 흥미와 재능 분야를 살려 큰 꿈을 꾸시길 바랍니다. 한 번 이루고 난 뒤 또 무엇을 해야 하지? 어떤 삶을 살아야 하지라는 고민을 주는 그런 꿈이 아니라 이루어 가며 사회와 나라와 세계에 굶주리고 무엇인가 부족하고 도움이 필요한 사람들이 있는 곳에 꼭 꿈들이 영향력으로 전해지길 바라고 사용되길 바랍니다. 그것을 위해 오늘 하루를 헛되이 보내지 마세요. 하는 것이 공부라면 공부를 열심히 하고 지금 하는 것이 독서라면 독서에 최선을 다하세요. 직책이 있습니까? 학교에서 맡은 작은 일이라도 설렁설렁하는 것이 아니라 내가 이룰 동사형 그 꿈에 보탬이 될 부분은 무엇인지를 생각하며 하시길 바랍니다. 그 일과와 과정이 마쳐지면 또 무엇을 할 수 있고 해야 하는지 고민하시고 그것을 실천하여 행동으로 옮기세요. '많이 해야 한다.', '다른 사람이 이만큼 하고 있는데 나도 그만큼은 해야 한다.'라기 보다는 '어제보다 한 걸음', '조금 전보다 한 뼘 더 꿈에 가까이 가자'라면 잘한 것입니다. 그게 잘한 거예요.

생각하기, 기록하기 그리고 적용하기

1. 인생의 원하는 바를 이루기 위해 오늘은 무엇을 하였나요?

----

2. 그것은 어떤 부분에서 원하는 바를 이루기 위한 도움이 될까요?

시야는 넓게 하기, 시선은 고정하기

좋아하는 일에 빠지다 보면
그 일을 잘 할 수 있다는 자신감이 생길 거에요.
-아동문학 전문가 이효진 -

인도영화 세 얼간이 보신 적 있나요? 2009년 작품인 이 영화는 상영 시간도 141분으로 꽤 긴 영화입니다. 아는 사람은 다 알겠지만, 인도는 영화 산업의 시장이 큽니다. 세 얼간이라는 이 영화는 EBS 교육 방송에서도 방영을 몇 차례 해주었고 학교에서도 학기가 마무리될 때쯤 학과 선생님께서 틀어주셔서 보게 되는 단골 영화입니다. 제목에서 알 수 있다시피 세 명의 젊은이가 나오죠. 란초라는 인물은 학교 규율을 깨뜨리고 교수의 수업 방식에 대해 자신의 의견을 정확하게 어필하는 부분도 와 닿습니다. "저희는 공학을 배우기보다 점수 잘 받는 방법만 배우고 있습니다. 서커스의 사자도 채찍의 두려움으로 의자에 앉는 법을 배우지만, 그런 사자는 잘 훈련됐다고 하지 잘

교육됐다고 하지 않습니다."라고 하죠. 그는 아버지가 정해준 꿈, '공학자'가 되기 위해 정작 본인이 좋아하는 일인 사진 찍는 일은 포기하고 어쩔 수 없이 공부하는 파르한에게 "너의 재능을 따라가란 말이야, 마이클 잭슨 아버지가 아들보고 복서가 되라고 했다면, 무하마드 알리 아버지가 아들보고 가수가 되라고 했다면 어땠을까? 재앙이지"라면서 사진찍는 일을 하라고 합니다. 주입식 교육을 강조하는 학교에 대해 풍자를 하기도 하고 그런 지식 주입에 비판 없이 수용하는 학생들에게 메시지를 전하기도 합니다. 진로에 대해, 자신의 미래에 대해 고민하는 10대와 그런 자녀를 두고 있는 어른들은 반드시 봐야 할 영화이고 그 외 연령대 사람들이 봐도 굉장히 재미있는 영화입니다. 아이들도 학부모도 자신의 모습을 투영하여 공감하는 부분이 있을 것입니다. 파르한처럼 일류 대학에서 공부하고는 있지만, 자신이 본래 더 좋아하고 잘하는 일을 하고 싶어 하는 마음속 의지를 계속 숨기지 말고 드러내는 동기를 갖게 되기도 할 거예요. 시간이 계속 흘러가기 전에 자신을 속이지 말고 하고 싶은 것을 찾고 그것을 하시기 바랍니다.

먼저 시야를 넓게 해서 흥미와 재능 분야를 찾는데 열심을 내시기 바랍니다. 찾아다녀야 하고 그래야 찾을 수 있고 발견할 수 있습니다. 지금 잘하고 좋아하는 분야가 있다면 그것은 어제보다 더 발전될 수 있도록 노력해야 합니다. 영화에도 다양한 장르가 있습니다. 액션, SF, 코미디, 스릴러, 뮤지컬, 스포츠, 판타지, 공포, 어드벤처, 멜로 등. 한 번 이상씩은 봐야 나에게는 무엇이 재밌는지 흥미로운지 알

시야는 넓게 하기, 시선은 고정하기

수 있을 것입니다. 누가 그 영화 재미없다고 했는데 막상 보면 나는 재밌게 본 예도 있고 정말 재밌다고 했는데 나는 별로였던 경우도 있을 것입니다. 그리고 한 번 봐서 재밌던 영화는 또 볼 때도 있고요. 볼 때마다 새로운 재미와 감동을 만날 수도 있습니다. 그러면서 또 다른 것들은 봐야 하고요. 글의 종류도 되게 많죠. 설명문, 기사, 논설문, 광고문, 연설문, 편지, 수필, 독후감, 시, 소설 등이 있죠. 각각 읽어 봐야 하고 한 번씩은 써봐야 자신이 자신감이 생기고 마음이 들며 생각이 꽂히는 글이 있습니다. 그러면 예를 들어 이전에 한 장을 읽을 때 5분이 걸렸다고 하면 그다음에는 4분이 걸리고 같은 5분 동안에는 한 장보다 더 많은 내용을 읽을 수 있게 됩니다. 글로 남길 때도 마찬가지겠죠. 이렇듯 다양하게 찾아보고 발견케 된 분야는 좀 더 시간을 투자하게 되거나 탄력을 받게 됩니다. 그러면서 또 찾고 시도해보기는 계속합니다.

그다음에 관심과 흥미가 생긴 분야와 주제, 일 등에 대해서는 그것을 할 때 이전보다는 좀 더 몰두해야 합니다. 집중해야 합니다. 긍정적인 스트레스가 생기면서 이전보다 나은 결과를 얻게 되고 그런 느낌과 기분을 겪게 될 것입니다. 또 자연스럽게 될 것이고요. 뉴턴의 운동법칙 중 제1 법칙인 '관성의 법칙'은 힘으로 속력과 방향기 전까지 물체는 항상 기존의 운동상태대로 움직이려 한다는 의미를 지니죠. 마찬가지로 내가 해봤고 행동으로 실천해 옮긴 것은 다시 할 때 이전보다 더 많이 또는 더 빠르게 더 효과적으로 할 수 있습니다. 했던 방향과 속도가 남아있기 때문입니다.

「Q: 장래 희망 이루신 분이 계세요? 저는 나이 30 먹도록 제가 뭘 하고 싶어 하는지 모르겠어요. 지금까지 직업 세 번 바꿨는데 또 바꾸고 싶어요. 혹시 장래 희망 이루신 분들 행복하신가요?

A1: 장래 희망 이룬 1인. 행복했지만 그리고 여전히 그 일을 가장 좋아하지만, 그 직업의 한계를 스스로 느끼고 직업 바꿈. 그냥 내가 뭘 좋아하는지를 한 번뿐인 인생을 살면서 알게 되었다는 것만으로도 충분함.

A2: 장래 희망을 이루고 4년 정도 보람차게 일하고 나니 회의감이 들고 매너리즘에 빠지더라고요. 지금은 여러 가지 일을 하면서 다른 일을 하고 있어요. 그리고 지금 장래 희망을 설정해도 되는 거 아닐까요?

A3: 초등학교 때 장래 희망은 과학자. 현 직업은 석사 후 연구원임. 얼추 원하는 직업을 이룬 것 같은데 그다지 모르겠음.

사회가 기하급수적으로 변화가 빨라지고 있고 산업군 자체가 사라지는 경우 또한 비일비재하다. 새로운 지식을 배우다 보면 내 안에 있는 잠재성이 깨워지기도 한다. 이런 작은 시도 하나가 새로운 기회를 찾는 밑거름이 되어준다. 여러 우물을 파면서 내 안에 숨겨져 있는 잠재성을 발현해 보자.」

-태PD 체인지그라운드 〈장래 희망 이루신 분이 계세요?〉,

2020. 10. 28-

인터넷에 어느 30대가 질문을 남겼더니 3~4명이 답글을 달았고 태

PD라는 분이 결론을 내린 것입니다. 위의 글을 보면 직업을 가진 30대도 이것이 나에게 맞는 것인지 잘 모른다고 하고 장래 희망을 이루었지만 해보고 직업은 바꾼 사람도 있고 생각한 장래 희망대로 직업을 갖게 되었는데 그것이 이룬 것인지 잘 모르겠다는 사람도 있습니다. 직업을 갖게 되었다고 찾으면서 몰두하는 이 생각과 행동은 평생에 걸쳐서 해야 할 것입니다. 몰두하면서 본인에 대해 확신하고 그 방향과 속도가 바른지 점검하고 수정한다면 원하는 바를 이룰 수 있고 이루는 과정에서 또 다른 분야와 일들을 찾게 된다면 매너리즘에 빠지는 것도 방지할 수 있을 것입니다.

 무작정 열심히 하는 것을 지양하세요. 군대에 가면 사격을 하는데 200m 멀리 있는 과녁을 맞히기 전에 10m 과녁에 3발을 쏘면서 총이 자신의 자세와 시선에 맞을 수 있도록 총의 클리크라는 것을 수정합니다. 그다음에 조준해서 쏘면 점점 과녁 중앙으로 탄환이 맞는 것을 확인할 수 있어요. 10m 사격에서 중앙을 맞힌다면 이제 이 총과 나의 자세는 잘 맞게 된 것입니다. 그러면 200m 과녁도 맞힐 수가 있어요. 이처럼 어느 분야에 집중하고 몰두한 행동이 있다면 그 방향이 바르게 된 것인지 확인하고 좀 더 정확한 방향으로 수정하는 작업을 해줘야 합니다. 그렇게 해야 시간 낭비를 줄일 수가 있고 감정적 허탈감을 안 받을 수 있겠죠. 그리고 다양한 방법, 여러 가지를 하다 보면 잘 할 수 있는 그것을 더욱 확실하게 찾을 수 있습니다. 더 멀리 있는 목표를 위해 바르게 전진하여 원하는 바를 성취하게 되는 것입니다. 찾고 찾았다면 몰두하기, 그러면서 또 찾기. 이것이 독자분들의 몸에는 체화되고 머릿속에는 깊이 남고 가슴 또한 뛰게 하기를 바랍니다.

생각하기, 기록하기 그리고 적용하기

1. "세 얼간이"라는 인도영화를 보고 감상평을 써봅시다.

----

2. 주위에 내가 원하는 직업을 갖고 일을 하는 사람을 찾아 인터뷰를 해봅시다.

5-3. 시도, 행동, 집중, 성취 그러면서 확산

경험은 나이 들지 않아요. 결코 시대에 뒤떨어지지 않죠.
-영화 "인턴" 중-

눈사람을 만들어 보신 적 있으세요? 보통만큼 눈이 내려서는 눈사람을 만들 수가 없습니다. 눈이 엄청나게 와야지 눈사람을 만들 수 있어요. 눈덩이를 뭉치고 그 주먹 크기만 한 눈덩이에 조금 더 눈을 뭉치고 핸드볼 공만큼 크기의 눈덩이를 바닥에 놓고 굴리기 시작합니다. 그러면 눈덩이가 점점 커집니다. 어느새 축구공보다 더 커지고 5살 어린이처럼 완성되지요. 눈이 뭉쳐지지 않는다고 이내 포기하고 눈을 굴리지 않으면 눈덩이는 커지지 않습니다. 안 커지는 거 같은데 계속 굴려야 합니다. 눈덩이를 크게 만들겠다는 마음을 먹고 그것을 행동으로 계속해서 옮기는 것입니다. 눈에 보이지 않는 작은 성과에 낙담하지 마세요. 분명히 한 걸음, 한 걸음이 아니면 한 뼘, 한 뼘이

시야는 넓게 하기, 시선은 고정하기

아니면 미동이라도 전진해 있을 것입니다. 방향이 틀렸다면 다시 그런 상황에 놓일 때 그 방향으로 가지 않는 경험으로 삼으면 됩니다. 만약 뒷걸음질 쳤다면 움츠렸다 더 멀리 도약하는 계기로 삼으세요.

어떤 목표를 달성하고자 시작하고 시도했던 적 있습니까? 그래서 성취한 적 있어요? 그러면 이후에 그와 비슷한 목표가 또 생긴다면 부담이 되거나 두렵거나 한 감정은 잘 생기지 않습니다. 그리고 또 그것을 할 수 있는 심적인 시작점이 생깁니다. 왜냐하면 그것을 이뤘을 때 그 성취감과 만족감은 이전에 느끼지 못한 희열이거든요. 두발자전거를 처음 탈 때를 생각해봅시다. 아주 어릴 때이겠지만요. 우리 아들이 네발자전거를 타다가 두발자전거를 처음 탈 때 뒤에서 잡아주고 말했죠. 잘 잡고 있다고 어느 정도 달리고 균형을 잡았을 땐 손을 놓고 말만 합니다. 잘 탄다. 안 넘어진다. 잡고 있다. (실제는 놓고 있는데) 그러면서 어느 순간 두발자전거를 타는 자신을 발견하게 되죠. 그러면 계속 더 타고 익숙해집니다. 시간이 지나서 내리면 해냈다는 기분을 상대방도 느낄 수가 있어요. 우리 아들은 "아빠가 안 잡고 있었는데 내가 계속 탔잖아.", "내가 여기서 벌써 10바퀴 돌았잖아" 의기양양한 목소리로 이야기를 합니다. 해냈다는 거죠. 기분이 좋다는 것입니다. 아파트의 놀이터를 돌았다면 이제 그 공간과 장소를 도는 것은 어렵지 않습니다. 옆 동네의 공원까지 도전합니다. 아들하고 처음 네발자전거에서 보조 바퀴를 뗀 자전거가 아닌 경우 자신의 발이 페달이 닿는 좀 더 큰 자전거를 타고 옆에서 킥보드를 타고 보조하며 탄 적이 있었어요. 아들은 어느 순간 내리막도 내려가고 오르

막도 올라가고 사람도 피하고 코너도 돌고 서서히 멈추기도 하고 자신만의 자전거 타는 비결이 늘어갔습니다. 더불어 체력도 점차 좋아집니다. 이전과는 거리의 길이를 달리고 목적지까지 갑니다. 옆 동네 공원에 한참을 달려 도착했을 때 저의 주먹에 자신의 주먹을 맞닿게 칩니다. 그날 아들의 일기장에는 아빠랑 자전거를 탄 이야기를 적습니다. 그만큼 기억에 남는 경험이 되었다는 것입니다. 자신이 해냈다는 그 기분 때문에 또 가고 싶어 합니다. 그다음에는 더 멀고 더 시간이 많이 소요되는 거리를 탈 수 있습니다. 자전거 타는 것에 온전히 집중했고 성취를 했으며 그리고 더 멀리 가고자 하는 마음을 확산시켜 또다시 그 경험을 하고 싶어 하게 되는 것입니다. 이러한 과정을 계속해서 다양하게 하는 것입니다. 탈 것을 자전거를 예로 들면 이번엔 자전거로 성과를 냈으면 자전거는 자전거 타는 대로 좀 더 멀리 좀 더 빨리 타는 것으로 나의 탈 것의 능력으로 취하고 또 다른 것을 시도하는 것이죠. 그러면 자전거 타는 것에 머무르지 말고 롱보드나 인라인스케이트도 타보기를 해보는 거예요. 자전거를 탈 때 비결이 롱보드나 인라인스케이트를 타는 것에 적용되는 것을 느낄 수 있을 거예요. 자전거를 탔던 코스를 먼저 가면 어디를 주의하고 어디에서 속도를 줄이고 어디에서 좀 쉬었다 가고 하는 등의 도움입니다. 그러면서 인라인스케이트를 타는 데 집중하고 그것을 타면서 또 다른 성취를 하게 되는 것이죠. 이렇게 확산하는 것입니다.

확산하는 방법은 다양하게 할 수 있어요. 네발자전거를 타는 경험이 생기면 두발자전거를 타는 것으로 발전될 수 있고 로드자전거나 픽시

자전거로 더 어려운 것도 탈 수가 있습니다. 인라인이나 롱보드를 타고자 하는 마음이 생길 수도 있는 것처럼, 무언가를 성취했던 감정을 기억해서 아주 생소하고 익숙지 않은 것을 시도할 수 있는 감정적 자세를 갖고 시작하는 방법도 있습니다. 시작할 때 안 하고 싶고 피하고 싶지만 시작할 때의 기분과 감정보다는 목적지에 도달했을 때의 감정과 기분을 떠올리면서 시작을 하는 것입니다. 그러면서 자신이 주력하고 확산시킬 분야와 재능의 주제들을 선별할 수 있는 시야도 갖게 될 것입니다.

음악적 지능이 뛰어나다고 볼 수 있는 대중적인 인물로는 헨리라는 가수가 있어요. 헨리는 바이올린을 특히 잘합니다. 근데 다른 악기도 하더라고요. 군입대 프로그램에서 군악대 테스트를 받는 장면이 나왔는데 바이올린도 준비해 와서 연주합니다. 또 피아노도 할 수 있다고 손을 듭니다. 색소폰도 처음 해본다고 하는데 해보겠다고 하고 이내 악기에서 소리를 내더라고요. 간단한 연주도 합니다. 그다음에는 드럼 스네어를 연주하죠. 심벌 연주에 퍼포먼스도 합니다. 다른 프로그램에서는 해금이라는 전통악기를 연주해보라고 하는데 바이올린을 했던 경험을 떠올려 그 악기의 현을 켜며 소리를 내더라고요. 지레 겁먹고 해본 적 없다고 시도하지 않는 것이 아니고 자신이 가지고 있는 음악적 지능을 펼쳐 보이는 것입니다. 먼저는 이렇게 다른 그것에 접목해보는 시도, 시작이 중요합니다. 되는 방법으로 생각하고 그런 후에 행동으로 옮기는 것이죠. 그 행동을 토대로 집중해서 아주 작은 성과를 내는 성취를 이뤄냅니다.

먼저 확신해야 하고 이내 경험을 통해 성취를 못 한다면 거기에는 더 작은 성과적 목표를 두고 다른 것으로 시야를 돌려 또 다른 시도를 합니다. 대기업이 문어발식으로 사업들을 확장하는 거와는 다른 개념 입니다. 뭔가 돈이 되고 사업이 된다고 생각해서 시작하는 것과는 다 릅니다. 투자하고 본전이 생각나서 계속 무리하게 추진하는 사업과는 다른 거예요. 돈을 벌어 경제적 이익을 취하겠다는 기업과 사람의 재 능 분야의 확산은 성격이 다릅니다. 나를 알고 나의 삶을 재능을 찾 고 시작점도 다르고, 발산하여 채워가는 과정도 다르고 자신이 정한 삶의 가치를 이뤄가는 것이 우리의 도착점이 되고 목적지가 되어야 합니다. 어른이 되어가면서도 계속 시도하고 행동하는 것이 지혜로운 것입니다. 그러면서 누군가가 물어보면 스스로 할 수 있도록 포인트 만 짚어주는 가르침을 줍니다. 그러면서 자신의 경험과 비결이 다른 사람에게 전달되면서 자신의 영향력이 확산합니다. 그것을 배우고 터 득한 사람은 그것을 또 자신만의 것으로 만듭니다. 그렇게 그 분야가 발전되고 성장적으로 변형됩니다. "제2의 ○○"였는데 어느 순간 결 국엔 "제1의 ○○"가 되는 것입니다.

생각하기, 기록하기 그리고 적용하기

1. 처음엔 어려웠지만, 지금은 능숙하게 하게 된 일은 무엇인가요?

----

2. 그 일을 능숙하게 된 비결은 무엇인가요?

5-4. 제2, 제3의 나를 만들어 주기

위인이나 위인의 조건에 대한 논쟁으로 시간을 낭비하지 말아라.
스스로 위인이 돼라.
-마르쿠스 아우렐리우스-

어딘가 여행을 하거나 길을 떠날 때 필요한 것 여러 가지가 있겠지만 빠질 수 없는 것이 지도입니다. 그것도 없다면 방향을 잃지 않도록 도와주는 나침반이라도 있어야 하죠. 현시대는 스마트폰 하나로 지도뿐만 아니라 최단 거리, 최소 금액, 해외 여행지 검색, 이동 경로까지 전부 다 알 수가 있습니다. 처음 가는 곳이라 하더라도 많이 헤매거나 당황스러운 일을 겪지 않죠. 아무튼 여행할 때, 길을 떠날 때 지도가 있고 나침반이 있으면 좋겠지만 그렇지 않다면 길을 잃지 않는 방법은 무엇일까요? 바로 누군가의 발자국이나 표시가 있으면 길을 잃지 않을 수가 있습니다. 그 자국과 표시를 따라가면 되니까요. 내가 아무리 다른 사람들이 인정할 만한 사회적 성공을 이루지 못했

시야는 넓게 하기, 시선은 고정하기

다 하더라도 나는 누군가의 모델링이 될 수 있고 방향이 될 수 있습니다. 예를 들면 학창 시절에 수학을 70점 정도 맞는 아이는 바로 반에서 1등을 하는 100점짜리 아이를 따라잡거나 하지 않습니다. 주변에 80점 정도 받는 아이를 찾아 관찰합니다. 문제집은 무엇을 푸는지, 다른 교재는 어떤 게 있고 활용을 하는지, 수업 태도는 어떤지 봅니다. 관찰하며 자신과 비교해서 좀 더 나은 방법과 비결들을 보며 그 아이와 같은 80점을 받으려고 노력을 하게 되죠. 또 70점을 받은 나는 다른 60점 아이들이 정하는 중간의 목적지가 되겠죠.

한 기자가 빌 게이츠 회장에게 물었습니다. "세계 최고의 부자가 될 수 있었던 성공 비결은 무엇입니까?" 빌 게이츠는 주저하지 않고 딱 한 마디로 대답했습니다. "다른 사람의 좋은 습관을 내 습관으로 만들면 됩니다." 라고요. 이도준 작가가 쓴 《내가 꿈을 이루면 나는 누군가의 꿈이 된다》(황소북스, 2013)라는 책도 있어요. 빌 게이츠의 답변과 책의 제목에서 볼 수 있듯이 다른 사람이 간 길, 그 흔적 들은 그 길에 들어선 또 다른 누군가에겐 아주 좋은 길잡이와 이정표가 됩니다. 그만큼 나를 닮고자 하는 누군가에게 나의 강점을 닮게 하는 발자취와 흔적을 남기는 작업은 중요합니다. 그러면서 자신의 인생을 바뀌게 하는 그런 작업이 있어요. 이런 작업 중 여러 가지가 있겠지만 가장 대표적인 방법은 알아볼까요? 대표적으로는 두 가지가 있습니다.

첫 번째 방법은 책을 쓰는 것입니다. 뭔가 특별한 글쓰기 능력이 있는 사람이 책을 쓴다고 생각하는 사람들이 대부분입니다. 하지만 일기를 정도의 능력만 있다면 책 쓰기를 시작할 수 있습니다. 물론 고전 같은 내공이 깊은 문장을 쓰긴 어렵습니다. 감탄이 나올 만한 필력을 선보이기 어려울 수도 있습니다. 하지만 그런 내공과 필력이 없어도 책을 쓰는 작업은 해야 합니다. 내가 이룬 작은 성과든 큰 성과든 기록의 흔적을 남겨 주제별로 묶어서 책을 만드는 것입니다. 최소한 자가출판(원고를 쓰고 요청을 하면 기존 출판사가 아닌 책의 형태로 제작해서 판매해 주는 형태, 온라인에서 검색 및 구매도 가능하며 제본의 형태의 책도 받을 수 있는 형태)은 해야 합니다. 그래서 자신만의 의문점, 답, 답을 찾은 비결 등을 잘 정리해서 적어보세요. 기존 출판사의 문을 두드려도 됩니다. 책을 쓰면 좋은 점은 자기 생각과 경험을 정리할 수 있습니다. 체계적으로 분류해서 잘 정리하면 나에게도 좋고 그 흔적들을 일정 형태의 결과물로 받아 보게 되면 그 기분 또한 굉장히 짜릿합니다.

세바시의 유영만 교수님 '오늘부터 완전히 다른 인생을 사는 법'의 강연을 한번 살펴보겠습니다.

「세상에는 3가지 종류의 사람이 있다. 책도 안 읽는 사람, 책만 읽는 사람, 책을 쓰는 사람이다. 책도 안 읽은 사람은 말할 것도 없고 책만 읽는 사람은 남의 책만 읽기 때문에 내 생각이 없었다. 남의 책에 나와 있는 생각에 종속되어 남의 사고의 식민지가 되어 남의 책대로 사는 것처럼 되었다. 그러니까 내 인생을 사는 게 아니라 책만 읽으면 남의 책대로 살 수밖에 없다는 것을 깨달았다. 내 인생을 바꾸는

시야는 넓게 하기, 시선은 고정하기

방법, 가장 확실한 방법은 책을 쓰는 것이다. 왜냐하면 책을 쓴 대로 내 삶이 바뀐다는 것을 알기 때문이다. 영화 남한산성에서도 유명한 대사가 나오죠. "신의 문서는 '글'이 아니라 '길'이옵니다. 전하께서 밟고 걸어가셔야 할 길이 옵니다." 글은 길이다. 책에 쓴 글, 그 글대로 나의 삶이 생기는 것이다. 책은 나침반이고 책은 창이며 책은 거울이다. 내가 경험한 모든 삶의 흔적, 얼룩, 무늬들을 다 축적하고 메모해두면 어느 순간 누구나 다 책을 쓸 수 있다. 어떻게 쓸까? 간단하다. 그냥 써라. 글쓰기는 쓰기를 통해서만 향상된다. 삶은 바꾸지 않고 좋은 글을 쓸 수 없다. 좋은 글은 어떻게든 살아가려는 안간힘에서 나온다. '책 쓰기'가 '애쓰기'인 이유다.」

-CBS 〈세바시 1233회〉 유영만 교수, 2020. 9. 10-

지금 바로 나에게 유익이 되고 누군가에겐 도움이 될 글을 남겨보세요.

두 번째 방법은 학교나 아카데미를 시작하는 것입니다. 전쟁 중에도 없어지지 않고 어떻게라도 구축하고 생기는 것은 아이들을 가르치고 배움의 장(場)입니다. 베트남전 사진을 보면 땅속을 파서 지하에 만든 것은 칠판을 둔 학교였습니다. 한국전쟁 당시에도 부산에 천막을 치고 만들어졌던 것은 학교였습니다. 가르치는 사람과 배우고자 하는 사람은 사라지지 않을 것입니다. 무엇보다 내가 아는 지식과 기술들을 배우고자 하는 사람들이 있다면 나는 그것을 전하고 습득하게 해줄 수 있습니다. 그렇게 하여 제2, 제3의 '나'가 만들어지고 나아가

나보다 성장하고 발전된 또 다른 누군가가 세상에 존재하게 되는 것입니다.

 제가 구분한 N잡러의 형태가 있습니다.
첫 번째는 계단식 N잡러입니다. 최종 자신의 목표를 이루기 위해 그것을 이루는 과정 중 여러 가지 다양한 직업을 접하고 결국 그것이 연결되고 또 그것을 자산 삼아 이루는 형태입니다. 위인전이나 뉴스에서도 금방 찾을 수 있습니다. 한 단계씩 성취하고 최종 목표에 오르는 형태입니다. 미국의 34대 대통령이며 미국 대통령으로 처음으로 우리나라에 방한했던 드와이트 아이젠하워는 연합사령관, 참모총장, 컬럼비아대학교 총장을 지낸 후 미국 대통령이 되었습니다. 현대그룹의 정주영 회장은 쌀가게 점원이었다가 자동차 수리공장을 운영했는데 훗날 현대건설, 현대중공업, 현대자동차 등을 경영하는 현대그룹 회장이 되었습니다.

 두 번째는 과정식 N잡러입니다. 하나를 이루고 새롭게 또 다른 분야에서 목표를 이루고 또 다른 분야에도 뛰어들어 이뤄내는 사람입니다. 하나를 매듭짓고 새로운 분야로 진출하여 성과를 내는 형태입니다. 대표적인 예로 안철수 의원이 있습니다. 그는 의사였다가 그만두고 컴퓨터 프로그래머를 했고 벤처기업가를 하였다가 카이스트 교수, 서울대 대학원 원장을 하였습니다. 지금은 정치인이 되었습니다. 각각의 분야에서 괄목할 만한 성과를 이루었고 그런 후에 다른 분야에 진출하였다고 볼 수 있습니다.

시야는 넓게 하기, 시선은 고정하기

세 번째는 확산식 N잡러입니다. 강점 재능 하나를 정점으로 이루거나 삶의 목표를 더욱 풍성하게 더욱 발전시켜 이뤄내기 위해 그 외 다른 분야를 수준급 이상으로 도달하여 융합하는 사람입니다. 슈바이처 박사는 신학자(목사)이자 음악가이고 의사였습니다. 아프리카 봉사를 위해 그들의 생명을 위해 목사가 된 후에 더 나은 봉사를 하기 위해 그는 의사가 되었고 인간에게 봉사하는 길을 가겠다는 자신의 꿈을 실현하였습니다. 울지마 톤즈의 이태석 신부는 남수단에서 의료 활동을 하였고 병원을 직접 지어 건축도 하였고 아이들을 위해 학교와 기숙사도 지었습니다. 수학을 가르치며 교사의 역할도 감당했으며 악단을 만들고 지휘를 했습니다. 그는 이때 직접 교재를 만들고 악기를 연습하기도 했습니다. 이렇듯 봉사자와 선교사로 사는 삶을 감당하기 위해 여러 가지를 펼치는 유형입니다.

네 번째는 멀티식 N잡러입니다. 르네상스형 인간이라고도 볼 수 있습니다. 위의 확산식N잡러와 비슷하지만, 숫자로 표현해 본다면 확산식N잡러는 1, 1-1, 1-2의 형태라면 멀티식 N잡러는 1, 2, 3등의 형태로 동시다발적으로 여러 재능을 한꺼번에 잘하고 그 분야에서도 큰 성과를 내는 사람입니다. 《르네상스형 인간》(돈을새김, 2009)에서는 르네상스형 인간이란 '어떤 한 가지만을 선택하기보다 다양한 관심사를 추구하는 사람, 생소한 주제나 낯선 상황에도 기꺼이 빠져들며, 만족할 때까지 새로운 도전에 몰입하고 그것을 해결한 후에는, 다시 새로운 열정을 품고 또 다른 관심사로 옮겨가는 사람이 바로 르네상스형 인간이다. 두 가지 이상의 직업을 가졌거나 여러 가지 취미를 한꺼번에 혹은 번갈아 가며 즐기는 것을 좋아하는 사람 또한 르네상스형 인간이라 할 수 있다.'라고 합니다. 앞서 말한 레오나드로 다빈치나 벤자민 프랭클린이 그렇고 조선후기의 위인인 다산 정약용이 그러합니다.

이처럼 다양하게 사람은 N잡러가 될 수 있습니다. 4가지 형태가 섞일 수도 있고 조금씩 겹칠 수도 있지만 중요한 것은 사람은 자신의 꿈을 향해 재능과 관련하여 여러 가지를 할 수 있다는 것입니다. 여러분도 마찬가지입니다. 누군가에게 도움이 되고 길을 안내하며 길잡이가 될 수 있는 사람이 될 수 있습니다. 이 세상 어딘가에는 나의 경험과 지식이 필요하고 도움을 받고자 하는 사람이 있다는 것을 기억하시기 바랍니다.

시야는 넓게 하기, 시선은 고정하기

생각하기, 기록하기 그리고 적용하기

1. 만약 내가 책을 쓴다면 그 제목이나 주제는 무엇일까요?

----

2. 만약 내가 누구를 가르친다면 가장 잘 가르칠 수 있는 분야는 무엇인가요?

----

3. 자신이 하고픈 일 모두를 그날의 모습을 상상하며 되고 싶은 직업을 전부 써보세요.

5-5. 제가 바로 프로N잡人입니다.

당신이 되었을 뻔했던 사람이 되기에 아직 늦지 않았습니다.
-조지 엘리엇-

진로에 대해 강의도 듣고 또 아이들에게 수업도 했었지만 N잡에 대해서 보다 확신을 갖고 이 책을 쓰게 된 시발점은 앞에서도 밝혔듯이 아들에게 위인전을 읽어주다가 생긴 깨달음 때문이었습니다. 새삼 깨달은 것 중 하나는 '거의 모든 사람이 한 번에 한 가지 직업을 가진 적이 없다.'였고 두 번째는 '관련된 직업을 갖긴 했었어도 반면에 완전 다른 직업을 거친 후 원하는 바를 이룬 사람들도 있다.' (전세계에서 가장 많은 부를 축적한 철강왕 앤드류 카네기도 방적공장 노동자, 기관 조수, 전보 배달부, 전신 기사 등 여러 직업을 전전하다가 결국 철강산업으로 초대형 기업의 CEO가 되었습니다) 물론 하나에 온갖 몰두를 해서 그 분야에 큰 공헌을 한 사람도 있지만 제가 강조하고픈 것은 시야를 넓히고 다양하게 해야 한다는 것입니다. 내가 융합할 수도 있고 내가 빠트린 주제는 없는지, 경험은 없는지, 그 부분에 대해서 강조하는 것입니다.

앞서 내가 다양한 분야를 다 잘할 수 없을지도 몰라요. 하지만 지레 겁먹고 안 해보는 우(愚)를 범하진 마세요.

프로와 아마추어의 차이에 대해서 언급을 해보겠습니다. 프로란 영어로 Professional에서 파생된 말입니다. 어떤 일을 전문으로 하거나 그런 지식이나 기술을 가진 사람을 말합니다. 흔히 프로는 금전적인 부분과 연결이 되는데 해당 분야를 통해 생활, 생계를 유지할 수 있는가에 따라 프로와 아마추어를 구분하기도 합니다.

다시 한번 말하지만, '좋아하는 일을 통해 프로가 되느냐 그러다가 지겨워지는 거 아니냐?'라고 생각할 수 있고 또 그런 사례와 사람들을 볼 수도 있지만, 내가 싫어하고 꺼리는 일을 통해 프로가 될 수 없다는 것은 저명한 사실입니다. 좋아하는 일을 통해 그 분야의 프로가 되느냐, 잘하는 일을 통해 프로가 되느냐, 중첩되는 부분을 통해 프로가 되느냐를 목표와 목적으로 삼고 삶을 채워나가는 것이 좋습니다. 그러면서 또 다른 분야도 계속 찾아보고 접해보는 것이죠. 따라서 여러 분야의 프로가 될 수 있습니다. 시간은 한정되어 있는데 그것을 어떻게 다 하냐고요? 여러분의 삶에서 그냥 하는 수 없이 보내는 시간만 경험하고 찾는 데 활용한다면 시간은 부족하지 않습니다. 시간은 내가 **활용하기 나름**이죠. 4장에서 다룬 알렉산드르 류비셰프는 충분히 자고 충분히 여가를 즐겼음에도 불구하고 자신이 쓰는 시간을 철저히 계산함으로 시간을 잘 활용했잖아요. 우리가 당장 류비셰프처럼 시간을 사용할 순 없지만, 오늘 내가 쓴 시간을 되돌아보며 더 집중하고 덜 몰입해야 하는 것을 구분해서 다음에 적용은 할 수 있잖아요. 그냥 허무하게 시간을 보내고 나도 모르게 허비했던 시간의 내용을 우리는 반성하고 안 하려고 할 수 있을 테니 이러한 시도와 노력은 꼭 필요합니다. 왜냐하면 내 인생과 삶을 흥미와 재능으로 채워가고 거기에 대한 목표를 세워 전진해 가야만 하기 때문입니다. 이것에 대해 흔히 말하는 프로가 될지 아닐지를 판단할 수 있는 통찰력도 그 과정에서 생길 것입니다. 그래서 내가 판단하고 선택해서 내가 책임지는 나 중심의 인생을 사는 것이지요. 이기주의적으로 살아가라는 이야기는 아닌 거 아시죠? 내가 추구하는 선한 가치를 위해 시간을 쓰고 삶을 채워가는 인생을 살아가라는 이야기입니다. 내가 간절히 소망하는 목표와 꿈이 없다면 그렇다고 그것을 찾으려는 시도마저도 쉬라는 것은 아닙니다.

세상에는 다양한 사람들이 살고 있습니다. 남들처럼 살라는 이야기는 결코 아니지만 그들의 비결과 경험을 내가 활용하고 내 것으로 자기"化(되다, 모양이 바뀌다)"하는 것은 순전히 내 몫입니다. 흔히 말하는 성공한 사람처럼 나도 될 수 있고 그 이상이 될 수도 있으며 새로운 분야를 창조하거나 개척할 수 있는 사람이 바로 "나"인 것입니다.

꼭 그렇게 해야만 하는 것은 아니지만 스스로가 할 수 있고 가능하다는 자신감과 자존감을 가지고 첫발을 내딛는 것과 아닌 것은 아주

시야는 넓게 하기, 시선은 고정하기

다릅니다. 앞서 말한 인물들, 위인들처럼 우리가 꼭 되어야 하는 것은 아니지만 더 풍성하고 더 나은 모습을 갖출 수도 있습니다. 여러분의 가능성과 시야를 높게 평가하고 아주 넓게 하시기 바랍니다. 제2의 ○○○가 되고자 했는데 결국 제1의 ○○○가 될 수도 있습니다. 내가 프로 N잡人될 수 있다는 것이죠.

세바시에서 세 가지 질문이 책으로 나온 것이 있습니다. 1. 나는 누구인가?, 2. 나는 무엇을 원하는가?, 3. 나는 무엇을 할 것인가? 이 바로 그것입니다. 시작하는 바로 "나"입니다. 사람은 건강하면 80세 가량을 산다고 합니다. 이 80년의 인생을 온전히 나로 채우는 것은 내 몫입니다. 흔히 말하는 은퇴 없이 죽기 직전까지 내가 추구하고 바라는 가치와 목표를 위해 사는 것도 내 몫입니다. 내가 선택하는 것이고 이에 따라 내가 채우는 것입니다. 은퇴를 60세에 하고 남은 20년을 아무것도 못 하고 안 하고 살 것입니까? 초등부터 대학교까지 공부한 16년의 내공으로 남은 인생을 채워갈 수 있다고 생각하시나요? 여러분 끊임없이 배우고 익히시길 바랍니다. 계속해서 경험하고 찾아가시길 바랍니다. 흥미로운 분야에는 집중하세요. 그리고 모든 경험의 내용을 기록과 흔적으로 남기시길 바랍니다. 어제보다 더 나은 오늘을 살고 내일은 오늘보다 좀 더 성장한 하루가 되시길 바랍니다. 한 분야의 진정한 프로가 될 수도 있고 여러 분야의 프로가 될 수가 있습니다. 새로운 분야의 프로가 될 수 있습니다. 내 인생의 질문과 고민의 답을 다른 사람에게서 찾아볼 수는 있습니다. 그런 노력이 사그라지는 것은 아닙니다. 하지만 그들의 답만으로 내 인생의 질문을 채우진 마세요. 결국 그 답을 채우는 것, 그 퍼즐의 그림을 완성하는 것은 나의 몫이고 나의 선택입니다.

성공한 사람들 많습니다. 늦게 시작해서 성과를 낸 사람도 많더라고요. 가난한 환경에서 극복해낸 사람도 있습니다. 그런데 그 사람은 그 사람이고 나는 나입니다. 하지만 배워야 할 것은 본받아야 할 것은 가져와서 하는 것은 해야 합니다. 그것대로 따라 하는 것은 아니지만 나에게 맞게 변형하거나 활용하는 마음가짐과 자세, 실행력은 필요합니다. 그래서 결국 나만의 비결, 나만의 능력, 나만의 기술 등을 습득하고 갖게 하는 것이죠.

제가 쓴 《꼴찌도 할 수 있고 1등도 해야 하는 공부비법》(프로방스, 2020)의 제일 마지막 장의 제목은 "나는 내 공부 분야의 Only. 1이자 No.1이다"입니다. 이번 책에서도 결론은 같습니다.

여러분, No.1이 아니라 Only.1이 되세요. 많이 들은 이야기일 수도 있지만 여러분 각자가 Only.1이 되어야 합니다. 스스로가 특별한 존재이고 소중한 존재임을 잊지마세요. 세상에서 유일하고 나만이 할 수 있는 분야가 있고 그러한 사람이 될 수 있습니다. 간절히 믿고 행동으로 옮기세요. 독자 모두가 자신만의 가치와 목표를 향해 살아가면서 Only.1이 되고 그것이 여러 개가 되며 흥미와 재능을 모두 충족하는 직업들도 환경적, 시간적 제약 때문에 포기하지 말고 일에 대한 열심과 적절한 쉼이 조화로운 삶을 살기를 힘껏 응원합니다.

시야는 넓게 하기, 시선은 고정하기

생각하기, 기록하기 그리고 적용하기

1. 세상에서 내가 가장 유일한 존재가 되고 싶은 분야는 무엇인가요?

5-6. 꿈을 향한 A~Z

자신의 능력을 믿어야 한다. 그리고 끝까지 굳세게 밀고 나가라.
-로잘린 카터-

어느덧 이 책의 마지막 장입니다. 삼행시 짓기나 말을 만드는 것을 좋아하는데 진로에 관한 내용을 A부터 Z까지 시작하는 말로 한 문장 씩 정리해 보겠습니다. 영문법이 좀 틀리더라도 그 핵심과 의도를 아는 것에 의미를 두고 보시기 바랍니다.

All(모든 것): All thing not well, and you don't even have to be good at everything. (모든 것을 잘할 수도 없고 잘할 필요도 없습니다.)

Born(태어남): Born's moment, You are precious. (태어난 순간

당신은 소중한 존재입니다.)

Choice(선택): Choice-best so take responsibility. (당신의 선택이 최선임을 믿습니다. 그러므로 책임을 다하세요.)

Different(다르다): (The) Different is not wrong. (다른 것이 틀린 것은 아닙니다.)

Exam(시험): Exam's result is compared with me ago not others. (시험의 결과는 남이 아닌 이전의 나와 비교합니다.)

Form(형식): Form is often contents. (형식이 내용인 경우가 많습니다.)

Goal(목표): Goals have to relate me. (목표는 나와 관련이 있어야 합니다.)
Health(건강): Health must be managed steadily. (건강은 꾸준히 관리합니다.)

Interest(흥미): If you find interest you should focus and not be lazy to find other interests. (흥미를 찾았다면 거기에 집중하고 다른 흥미를 찾는데도 게으르지 말아야 합니다.)

Knowledge(지식): Knowledge's answer is in the books. (지식의 답은 책 속에 들어있습니다.)

Listening(경청): Listening is not what you hear. (듣는 것과 들리는 것은 다릅니다.)

Matter(문제): Matters are opportunities to seek answer. (문제는 답을 구하는 기회가 됩니다.)

No(하지 말아야 할 것): No gambling, No alcohol, No tobacco. (도박, 술, 담배 세 가지는 하지 마세요.)

Only(유일함): Only one is number one. (Only. 1이 No. 1입니다.)

Purpose(목적): Purpose of life-three things: first-Jesus, Second-son, Third-wife. (삶의 목적은 세 가지입니다. 예수님을 위해, 아들을 위해, 아내를 위해서입니다. 이는 지극히 개인적임을 참고해 주세요.)

Question(질문): Questions and knowing are proportional. (질문과 앎은 비례합니다.)

Record(기록): Record it to be remembered. (기록을 해야 기억됩니다.)

Study(공부): Studying is for a lifetime. (공부는 평생하는 것입니다.)

Teach(가르치다): Teach others-get used enough. (다른 사람을 가르칠 수 있을 정도로 익숙해지십시오.)

Understand(이해되다): Understanding is completed when you can teach others. (이해된 것은 다른 사람을 가르칠 수 있을 때 완성됩니다.)

View(시선): View focus goal, wide world. (시선을 목표로 고정하고 또 시선을 세상으로 향하십시오.)

Wisdom(지혜): Wisdom is in the Bible. (지혜는 성경 안에 있습니다.)

Xylophone sound(실로폰 소리): Xylophone's ding dong dang is right for me (실로폰의 딩동댕 소리는 내가 울리는 것이 맞습니다.)

Yesterday(과거): Yesterday grateful, today-rejoice, tomorrow-look forward (과거를 감사하고 현재는 기뻐하며 미래는 기대하십시오. -이장욱-)

Zzz(잠): Zzz. Reducing sleep is not the right way. (잠을 줄이는 것이 꼭 맞는 방법은 아닙니다.)

시야는 넓게 하기, 시선은 고정하기

생각하기, 기록하기 그리고 적용하기

1. 이 책을 읽은 후 나만의 어록, 명언을 만들어 적어보세요.

----

2. 이 책을 읽은 후 가장 기억에 남는 부분을 찾아 적어보세요.

에 필 로 그

저의 경험과 생각이었던 한 점이 이렇게 글로 써지고 책으로 나오게 되어 마음에 느낀 바가 많습니다. 언제나 그렇듯 쓰기가 쉽지는 않았습니다. 하지만 제가 쓴 글이 책이 되어 세상 밖으로 나와 마음은 좋습니다. 아무쪼록 이 책을 읽은 아이들이 제목처럼 세상을 바라보는 시야는 넓어지고 흥미롭고 관심이 있는 분야에서는 시선이 고정되길 바랍니다. 더 나아가 아이들과 학부모들 중심으로 더 많은 사람에게 읽히면 더욱 좋겠습니다. 책을 읽고 마음의 결단이 내려지게 되길, 독자의 생각이 확장되길, 꿈꾸는 것을 멈췄다면 다시 풍성하고 넉넉한 꿈을 꾸는 계기가 되길 소망합니다. 아이와 어른 모두 꿈을 꾸고 서로가 힘껏 응원하고 격려해주는 작은 토대가 되었으면 합니다.

하루하루에 최선을 다해 사는 삶도 중요합니다. 내일을 위해 오늘 하루 하고 싶은 것을 참아내고 이겨내어 원하는 내일을 맞이하는 것도 중요합니다. 그런데 오늘 하루도 즐겁고 내일도 행복하면 더 좋으니까 고민이 생기고 역경이 와도 긍정으로 그것들을 좋은 열매들로 거두게 되는 거름이 되는 삶이 되길 바랍니다.

주어진 자신의 환경과 배경으로 인해 포기하거나 단념하지 마세요. 우리가 가져야 하고 간직해야 할 것은 "믿음"이고 갖지 말아야 하고 버려야 하는 것은 "단념"입니다. 주위의 이야기를 듣고 정보를 습득하더라도 내 것으로 소화를 시키세요. 내게 주어진 시간을 내가 원하는 것을 하며 누리며 사세요. 내가 바라는 환경들로 채워가는 뿌듯함과 기쁨이 가득한 삶을 누리세요. 아침에 눈을 뜨면 오늘 만날 하루가 기대되고 하루를 마무리하여 자기 전에 오늘 하루가 정말 감사하고 내일이 기다려지는 삶을 사세요.

내가 원하는 것을 하며 보람과 만족을 느끼고 더 나아가 즐거움과 재미도 만끽하는데 거기에 경제적 이익도 가져오게 할 수 있습니다. 많은 돈을 벌기 위해 내 능력과 시간을 쓰는 것이 아니라 내가 원하고 내가 꿈꾸는 일들을 하는데 거기에 내 능력과 시간이 쓰이고 그로 인한 많은 대가 중에 물질적으로도 풍성함도 포함되는 삶을 사는 것입니다.

남보다 높은 지위에 올라가고, 많은 연봉을 받는다고 행복하고 성공한 삶을 사는 것이 아닙니다. 재산을 더 가지려는 생활을 꿈꾸는 것이 아닌 자신이 하는 일에 보람을 느끼고 재미와 즐거움이 있는 삶을 누리길 바랍니다. 감사가 넘치고 그런 하루하루가 더해지는 삶을 사는 것, 이런 것들이 세상의 직업들과 연결되어 그 형태는 N잡이 되는 삶을 사는 것입니다. 행복과 즐거움을 주는 곳을 선택하고 그 길로 발걸음을 옮기세요. 그리고 그것을 여러분이 할 수 있습니다. 결국 그것이 내가 이룰 수 있는 나만의 성공이 될 것입니다. 이 책을 통해 세상에서 나만이 간절하게 이루고 싶은 일들을 위해 전진하고픈 마음이 생겼으면 좋겠습니다. 그것을 향한 여러분의 노력과 행동이 진실한 결과로 나타나길 원합니다.

아이들에겐 이렇게 말해주고 싶습니다. "네가 즐겁다면, 네가 신난다

시야는 넓게 하기, 시선은 고정하기

면, 네가 좋아한다면, 네가 하고 싶다면, 네가 꿈꾼다면 네가 할 수 있어. 네가 그것들을 해."

어른들에게도 마찬가지입니다. 숨이 멈출 때까지 꿈을 꾸고 그 꿈을 성취하는 삶을 누리세요. 진심으로 응원하고 간절히 소망합니다. 제가 믿고 사랑하는 하나님께서 여러분의 꿈과 동행하길 기도합니다.

참고자료

신문기사

황채현 〈초·중·고 학생 장래 희망 순위는? '유튜버 되고 싶어요'〉
        매일신문, 2019. 12. 10
이승환 〈대졸자 절반, 전공 직업 미스매치...대학 정원 규제 재검토 필요〉
        대학저널 2020. 6. 10
이신영 〈미 명문대도 떨어진 '꿈의 직업' 환경미화원을 뚫은
        지방대 출신 30대 가장들〉 조선닷컴, 2016.11.03
이석무 〈운동선수가 도박에 더 잘 빠지는 이유〉 이데일리, 2021. 1. 7
김희선 〈김연아, 은반 복귀 이유 공허함…. 허탈감〉
        조선일보, 2013. 3. 14
장원석 〈80년대 호령한 대기업 30%만 남아〉 중앙일보, 2016. 4. 17
서미숙 〈코로나가 바꾼 재계 지형도…셀트리온·네이버 자산 순위 급등〉
        연합뉴스, 2021. 2. 10

박상훈 〈25년 IT 역사로 본 추락하는 기업의 3가지 특징〉
　　　조선일보, 2015. 6. 25

전경운 〈英 브랜드파이낸스 조사, 삼성전자 브랜드 '세계 5위'〉
　　　매일경제, 2020. 1. 28

이윤희 〈'빅데이터전문가,애완동물장의사'..사회변화로
　　　신생직업 270개 생겨〉 아웃소싱타임스, 2020. 5. 29

김지연 〈연소득 상하 5순위〉 연합뉴스, 2020. 4. 19

임현욱 〈월급 2만 원 '보조'서 이젠 가맹점 192개 '벤처 사장님'〉
　　　중앙선데이, 2011. 1. 23

정현정 〈IT 거물들의 어리석은 발언 톱 10〉
　　　ZDNetKorea, 2013. 4. 22

우은식, 〈정주영 이야기⑪ 세계가 감탄한 서산 간척지 '정주영 공법'〉
　　　뉴시스, 2013. 5. 25

박세준 〈스테로이드, 헬스장에서 쓰는 마약〉 주간동아 1177호,
　　　2019. 2. 23

백예리 〈아무도 도와주지 않았다는 게 가장 큰 도움이었다〉
　　　이코노미조선 285호, 2019. 1. 28

배현정 〈'작심삼일'을 '작심삼년으로'〉 머니위크, 2012. 12. 30

조신영 〈시간을 지배한 사나이〉 경북매일, 2016. 5. 1

나주석 〈안철수, 의사·사업가·교수 등 다양한 이력…
　　　한국정치 제3지대 대변〉 아시아경제, 2021. 6. 17

방송프로그램

CBS 〈세바시, 서○○〉, 2020. 12. 23
tvN 〈유 퀴즈 온 더 블럭, '송○○'〉, 2020. 10. 21
EBS 〈지식e채널 '좋아하는 일 VS 잘하는 일'〉
MBN 드라마 〈리치맨〉, 2018
SBS 〈집사부일체 '박진영'〉 2019. 3. 17
CBS 〈세바시 1233회〉 유영만 교수, 2020. 9. 10
KBS 〈반습니다 선배님 '최정원'〉 2009. 5. 20
MBC 〈라디오 스타〉 2020. 9.2
KBS JOY 〈무엇이든 물어보살〉 2020. 12. 14

도서

이장욱 《마흔, 나는 다시 꿈을 꾸기로 했다》 미다스북스, 2019
정주영 《하버드 상위 1퍼센트의 비밀》 한경비피, 2018
쑤린, 《어떻게 인생을 살 것인가》 다연, 2015, p.80
좋은생각 2020년 11월호, 2020. 11, p75
정약용 《아버지 정약용의 인생 강의》 홍익출판사, 2020
최태성 《역사의 쓸모》 다산초당, 2020
이장욱 《꼴찌도 할 수 있고 1등도 해야하는 공부비법》 프로방스, 2020

인터넷

https://ko.wikipedia.org/wiki/평생교육
http://www.samsunghospital.com/
태PD 체인지그라운드 〈장래 희망 이루신 분 계세요?〉, 2020. 10. 28
https://digitalhanja.tistory.com/
https://namu.wiki/w/이종룡